ERNST WOLF

Die Unhaltbarkeit der Rechtsprechung des Bundesgerichtshofes zum Schadensersatz bei Totalschäden an Kraftfahrzeugen

Schriften zum Bürgerlichen Recht

Band 88

Die Unhaltbarkeit der Rechtsprechung des Bundesgerichtshofes zum Schadensersatz bei Totalschäden an Kraftfahrzeugen

Von

Professor Dr. Ernst Wolf

DUNCKER & HUMBLOT / BERLIN

CIP-Kurztitelaufnahme der Deutschen Bibliothek

Wolf, Ernst:
Die Unhaltbarkeit der Rechtsprechung des Bundesgerichtshofes zum Schadensersatz bei Totalschäden an Kraftfahrzeugen / von Ernst Wolf. — Berlin : Duncker und Humblot, 1984.
  (Schriften zum Bürgerlichen Recht ; Bd. 88)
  ISBN 3-428-05562-4
NE: GT

Alle Rechte vorbehalten
© 1984 Duncker & Humblot, Berlin 41
Gedruckt 1984 bei Berliner Buchdruckerei Union GmbH., Berlin 61
Printed in Germany
ISBN 3-428-05562-4

Erich Schwinge
in Verehrung und herzlicher Verbundenheit
gewidmet

Inhalt

Gegenstand der Untersuchung 9

    I. Schadensersatz und Wertersatz schließen sich aus 9

   II. Die Begriffe „Zeitwert", „Wiederbeschaffungswert" und „Marktwert" 13

  III. Sachwidrige Übertragung der versicherungsrechtlichen Begriffe „Zeitwert" und „Wiederbeschaffungswert" auf das bürgerliche Schadensersatzrecht 15

  IV. Die Fehlerhaftigkeit eines schadensersatzrechtlichen „Wiederbeschaffungswerts" 17

   V. Unzulässigkeit und Unbrauchbarkeit von Marktpreislisten für Gebrauchtfahrzeuge bei der Schadenserkenntnis 24

  VI. Weitere Fehler in der Rechtsprechung zum „Wiederbeschaffungswert" 26

 VII. Verletzung der §§ 249 S. 1 BGB, 287 Abs. 1 S. 1 ZPO 29

VIII. Fehlerhafte Rückwirkung auf den Schadensersatzbegriff 32

  IX. Fehlerhaftigkeit der grundsätzlich ablehnenden Rechtsprechung zum Ersatz des Gebrauchswerts 34

   X. Die Einbuße an Gebrauchsvorteilen ist ein realer Schaden 37

  XI. Kein Abzug „neu für alt" 41

  XII. Einen „Gesamtvermögensschaden" gibt es nicht 45

 XIII. Larenz' unhaltbare Lehre vom „gegliederten Schadensbegriff" 48

 XIV. Keine „billige" Schadensverteilung durch das Gericht 62

  XV. Keine Pflicht des Geschädigten zur „Schadensminderung" 65

 XVI. Begründetheit der vermeintlichen „Schadensminderungspflicht" in der nationalsozialistischen Gemeinschaftsideologie 69

XVII. Keine „objektiven, im Verkehr anerkannten Bewertungsmaßstäbe" 78

XVIII. Kein „normativer Schadensbegriff" 86

Gegenstand der Untersuchung

Nach dem Bundesgerichtshof hat der Ersatzpflichtige bei Totalschaden eines von ihm beschädigten Kraftfahrzeugs dem Geschädigten grundsätzlich den sogenannten „Wiederbeschaffungswert" des zerstörten Fahrzeugs zu ersetzen. Dieser „nach den Verhältnissen auf dem Gebrauchtwagenmarkt zu ermittelnde Wiederbeschaffungswert eines gebrauchten Kraftfahrzeugs" sei „der Preis, den der Geschädigte aufwenden" müsse, „um von einem seriösen Händler einen dem Unfallfahrzeug entsprechenden Ersatzwagen nach gründlicher technischer Überprüfung (u. U. mit Werkstattgarantie) zu erwerben". Dieser Preis sei durch „Schätzung" zu ermitteln[1]. „Der geeignete objektive Anhaltspunkt für die Bemessung des Sachschadens" sei dabei „im allgemeinen der Zeitwert (Verkehrswert) des Wagens vor dem Unfall". Durch einen „Aufschlag auf den vom Sachverständigen geschätzten Zeitwert" ergebe sich dann „der Wiederbeschaffungswert". Es könne aber „durchaus Schadensfälle geben, in denen der Sachschaden nur unter Einschätzung eines vom Zeitwert abweichenden Gebrauchswerts sachgemäß bemessen werden" könne[2].

Diese Entscheidungen verstoßen gegen das Gesetz (§ 249 S. 1 BGB) und die Verfassung (Art. 20 Abs. 3 GG). Sie sind auch rechtsdogmatisch und methodisch nicht haltbar. Der gesetzlich bestimmten Schadensersatzpflicht kann nicht durch Ersatz eines „Wiederbeschaffungswerts" einer Sache, also Wertersatz, genügt werden. Soweit im Rahmen einer Schadensersatzpflicht wegen Zerstörung eines Kraftfahrzeugs Wertersatz geschuldet wird, ist dieser nicht nach dem vermeintlichen „Wiederbeschaffungswert", sondern auf der Grundlage des Preises für ein gleichartiges fabrikneues Fahrzeug nach dem entgangenen Gebrauchswert zu berechnen.

I. Schadensersatz und Wertersatz schließen sich aus

Nach § 249 S. 1 BGB hat ein Schadensersatzpflichtiger den Zustand herzustellen, der bestehen würde, wenn das zum Ersatz verpflichtende Ereignis nicht eingetreten wäre[3]. In dieser Bestimmung sind folgende

---

[1] BGH NJW 1978, 1373.

[2] BGH NJW 1966, 1455 f.

[3] Vgl. hierzu und zum folgenden meine Ausführungen, Lehrbuch des Schuldrechts, Bd. 1, 1978 (zit.: SchR I), § 4 G (173 ff.).

I. Schadensersatz und Wertersatz schließen sich aus

Definitionen vorausgesetzt: Eine Schadensersatzpflicht ist eine Schuld mit dem Inhalt, einen Schaden eines anderen auszugleichen. Ein Schaden sind die in einer Störung begründeten Nachteile für einen Menschen. — Nach diesen Definitionen besteht jeder Schaden begrifflich notwendig darin, daß in einem oder mehreren bestimmten Gegenständen eines Menschen infolge eines bestimmten Geschehens oder Nichtgeschehens ein oder mehrere bestimmte Nachteile eintreten. Die Bestimmtheit des oder der Gegenstände, des Geschehens und des oder der Nachteile ist eine individuelle Bestimmtheit. Jeder Schaden ist somit notwendig individuell. Einen nicht individuellen, sondern allgemeinen Schaden eines einzelnen Menschen gibt es nicht[4].

Aus der notwendigen Individualität eines jeden Schadens folgt, daß sowohl dieser als auch der dafür zu leistende Ersatz individuell erkannt werden müssen. Die Methode der Erkenntnis des Schadens und des Schadensersatzes muß also eine individuelle sein[5].

Das gilt auch für die in den §§ 249 S. 2, 250, 251 BGB geregelten Sonderfälle, in denen statt der Sachherstellung (Naturalherstellung) des § 249 S. 1 BGB Geldersatz zu leisten ist. Die Erfordernisse der Naturalrestitution bedingen den Umfang des Schadensersatzes in Geld. Dadurch unterscheidet sich der Schadensersatz in Geld vom Wertersatz. In § 249 S. 2 BGB ist das mit der Wendung „statt der Herstellung" ausgedrückt. Es ist aber zu beachten, daß § 249 S. 2 BGB bei Totalverlust einer Sache *nicht* gilt[6] und somit in Fällen der Zerstörung eines Kraftfahrzeugs nicht anwendbar ist. Wenn der Bundesgerichtshof „beide Alternativen des § 249 BGB" zusammenfaßt[7] und, ohne zwischen diesen zu unterscheiden, von einem „den Anforderungen des § 249 gerecht werdenden Ersatz" redet[8], entspricht das dem Gesetz

---

[4] Allgemeinheit ist Bezogenheit eines Begriffs auf sämtliche einzeln nicht bestimmten Gegenstände, denen die in dem Begriff enthaltenen Merkmale zukommen. Wird von einem Schaden der „Allgemeinheit" gesprochen, ist damit ein Schaden des Staates oder der Bevölkerung eines Gebiets gemeint.

[5] Vgl. meine Ausführungen, SchR I, § 4 G II b 2 aa (173), II f (218 ff.).

[6] Palandt / Heinrichs, 42. Aufl., § 249 Anm. 2 a m. w. N. Ein Totalverlust liegt nach der Rechtsprechung (vgl. z. B. OLG Celle VersR 1964, 519; OLG Schleswig VersR 1969, 110; OLG Oldenburg VersR 1973, 379) auch in den Fällen des sog. wirtschaftlichen Totalschadens vor, der dann gegeben sei, wenn die bei einer Reparatur zu zahlenden Entschädigungen mehr als 30 % über dem Wert der beschädigten Sache liegen („unverhältnismäßige Aufwendungen" nach § 251 Abs. 2). Ein solcher wirtschaftlicher Totalschaden wird nicht selten in der Weise konstruiert, daß der Inhaber einer Reparaturwerkstatt überhöhte Reparaturkosten veranschlagt, danach das „total" beschädigte Fahrzeug für einen geringen Betrag ankauft, es ausbessert und für einen Betrag verkauft, der weit über dem „Wiederbeschaffungswert" liegt, den der Geschädigte als „Schadensersatz" erlangt.

[7] BGH 30, 31.

[8] BGH NJW 1966, 1455.

I. Schadensersatz und Wertersatz schließen sich aus

nicht. Das Oberlandesgericht Karlsruhe[9] wendet zutreffend § 251 Abs. 1 BGB an. Der Umfang des Schadensersatzes bestimmt sich auch in den Fällen des Geldersatzes nach §§ 249 S. 2, 251, 252 BGB gemäß § 249 S. 1 BGB.

Bei Zerstörung einer vertretbaren Sache ist nach § 249 S. 1 BGB Schadensersatz durch Naturalrestitution, d. h. hier durch Erbringung einer Sache gleicher Art und Güte zu leisten. Beschafft sich der Geschädigte selbst eine solche Ersatzsache, sind die dafür aufgewandten Kosten ein Folgeschaden, durch den der Erstschaden insoweit beseitigt wird. Bei Zerstörung einer vertretbaren Sache ist nach § 249 S. 1 BGB Schadensersatz durch Naturalrestitution, d.h. durch Erbringung einer Sache gleicher Art und Güte zu leisten. Beschafft sich der Geschädigte selbst eine solche Ersatzsache, sind die dafür aufgewandten Kosten ein Folgeschaden, durch den der Erstschaden insoweit beseitigt wird. Bei Zerstörung einer nichtvertretbaren Sache entsteht ein Anspruch auf Schadensersatz in Geld nach § 251 Abs. 1 BGB.

Nach der Rechtsprechung des Bundesgerichtshofs tritt bei einem Totalschaden an einem Kraftfahrzeug Wertersatz an die Stelle des Schadensersatzes. Diese Auffassung ist verfehlt.

Eine Wertersatzpflicht ist eine Schuld mit dem Inhalt, den Verlust oder eine Minderung eines Gegenstandes auszugleichen[10]. Die Minderung kann auch in entgangenen Gebrauchsvorteilen bestehen. Der auf Grund einer solchen Pflicht auszugleichende Wert ist der Verkehrswert, gemeine Wert, Marktwert oder Verkaufswert, also der allgemeine Tauschwert in Geld. Bei Verlust einer Sache ist der Verkehrswert der Marktpreis einer Sache der betreffenden Art. In § 9 Abs. 2 BewG ist dieser Wert wie folgt definiert: „Der gemeine Wert wird durch den Preis bestimmt, der im gewöhnlichen Geschäftsverkehr nach der Beschaffenheit des Wirtschaftsgutes bei der Veräußerung zu erzielen wäre." Der gemeine Wert oder Verkehrswert einer Sache ist hiernach ein Betrag, der im Fall eines Verkaufs an einen beliebigen Käufer unter Ausschluß aller in der Person des Verkäufers oder des Käufers liegenden individuellen Momente üblicherweise als Erlös erzielbar ist,

---
[9] VersR 1973, 471.
[10] Vgl. z. B. §§ 346 S. 2, 487 Abs. 2, 557 Abs. 1, 818 Abs. 2 BGB; dazu die §§ 290, 849 BGB und meine Ausführungen, SchR I, § 4 H III (275 f.) m. w. N. — Das Wort Wertersatz wird hier in Übereinstimmung mit dem Sprachgebrauch des BGB benutzt (vgl. z. B. § 818 Abs. 2 BGB). Ontologisch und metaphysisch ist dieser Sprachgebrauch unzutreffend, weil zu einem Wertverhältnis und damit zu einem Wert begrifflich notwendig ein bestimmter entschließungsfähiger Mensch (Persönlichkeit) gehört. (Vgl. meine Ausführungen Allgemeiner Teil des Bürgerlichen Rechts, 3. Aufl. (zit.: Allg. T.), § 1 B I b 1 (41 ff.).

m. a. W. ein allein „nach den marktwirtschaftlichen Grundsätzen von Angebot und Nachfrage" bestimmter Erlös[11].

Während der Schadensersatz jeden in dem schädigenden Ereignis begründeten Nachteil des Geschädigten umfaßt, ist der Wertersatz auf Verlust oder Minderung eines Gegenstands beschränkt. Das für einen Schaden und dessen Ersatz begrifflich notwendige individuelle Verhältnis zwischen dem Gegenstand, in dem eine Beeinträchtigung eintritt, und einem Menschen, der durch diese Beeinträchtigung der Geschädigte ist[12], gibt es beim gemeinen Wert nicht. Dasselbe gilt für das Merkmal der Begründetheit des Schadens in einem tatbestandsmäßigen Ereignis (Kausalität) und damit der Tatbestandsmäßigkeit des Schadens. Während Schadensersatz seinem Begriff nach Sachherstellung ist und die Erfordernisse der Sachherstellung unaufhebbar auch den Umfang eines ausnahmsweise zu leistenden Geldersatzes bedingen, ist Wertersatz begrifflich notwendig Geldersatz. Schadensersatz ist seinem Inhalt nach individuell, Wertersatz dagegen allgemein. Der Verkehrswert einer Sache kann zwar durch deren individuelle Eigenschaft mitbedingt sein, hängt aber vornehmlich von der allgemeinen Nachfrage ab.

Schadensersatz und Wertersatz schließen einander nach all dem begrifflich aus. „Schadensersatz ist nicht nur Wertersatz, sondern volles (wirtschaftliches) Interesse"[13]. „Bei Schadensersatz ist" gewöhnlich „der Wert" zu leisten, „den der Gegenstand gerade für die betreffende Person" hat, „und dieser ist häufig höher als der gemeine Wert"[14].

Indem der Bundesgerichtshof statt Schadensersatz nur Wertersatz gewährt, versagt er den Geschädigten im Widerspruch zu Gesetz und Recht den ihnen geschuldeten Schadensersatz. Soweit er den Geschädigten deren Anspruch auf Schadensersatz abspricht, nimmt er einen unrechtmäßigen enteignungsgleichen Eingriff vor. Die rechtsdogmatisch und methodisch fehlerhafte Ersetzung des Begriffs Schadensersatz durch den Begriff Wertersatz bedingt eine Reihe weiterer Fehler bei Einzelfragen.

---

[11] Rössler / Troll / Langner, Bewertungsgesetz und Vermögenssteuergesetz, 12. Aufl. 1981, § 9 Abs. 2 BewG, Anm. 5.

[12] Vgl. meine Ausführungen, SchR I, § 4 H II (275 f.) m. w. N.

[13] OLG Celle, VersR 1962, 187 unter Berufung auf Staudinger, Komm. z. BGB Anm. III 1 vor § 249; BGB-RGRK Anm. 22 zu § 251.

[14] Enneccerus / Lehmann, Recht der Schuldverhältnisse, 15. Bearb. 1958, § 14 I 2 (58 f.); ähnlich Planck / Siber, Komm. z. BGB, 4. Aufl., § 249 Anm. 2 (68).

II. Die Begriffe „Zeitwert", „Wiederbeschaffungswert" und „Marktwert"

Zu den in Rechtsprechung und Schrifttum genannten verschiedenen Werten, insbesondere dem „Wiederbeschaffungswert", ist folgendes festzustellen.

Wenn der Bundesgerichtshof vom „Zeitwert (= Verkehrswert) des Wagens vor dem Unfall" spricht, ist der in § 9 Abs. 2 BewG definierte Wert gemeint. Dasselbe gilt für seine Rechtsprechung zu dem „im Handel anerkannten merkantilen Minderwert"[15]. Anders liegt es bei dem vom Bundesgerichtshof behaupteten „Wiederbeschaffungswert", nach dem der Geldersatz für ein zerstörtes Kraftfahrzeug zu bemessen sein soll.

Der „Wiederbeschaffungswert" soll ebenso wie der „Zeitwert" durch den „Gebrauchtwagenmarkt" bestimmt werden. Im Schrifttum werden beide „Marktwert" genannt[16]. Es bedarf der Klärung, was darunter zu verstehen ist.

Das Wort „Markt" bedeutet entweder den Ort, an dem zu bestimmten Zeiten Verkäufer und Käufer einander treffen, oder das gesamte Absatzgebiet von Sachen einer Art, z. B. von Wertpapieren und edlen Metallen (Geldmarkt)[17]. An dem damit entstehenden Verhältnis von Angebot und Nachfrage brauchen nicht viele Menschen beteiligt zu sein. Begrifflich notwendig ist, daß individuell nicht bestimmte Menschen in beliebiger Menge Käufer sein können. Verkäufer und Käufer brauchen keine Händler, die Sachen keine Waren zu sein. Beides trifft z. B. nicht zu, wenn auf einem Wochenmarkt die Erzeuger landwirtschaftlicher Produkte diese an Hausfrauen verkaufen.

Marktpreis ist jeder Preis, der bei einem Verkaufsangebot an individuell nicht bestimmte Menschen tatsächlich erzielt wird oder werden kann. Es kann sich dabei um eine individuelle Sache, z. B. um ein Grundstück handeln (Grundstücksmarkt). Auf Schnelligkeit des Absatzes kommt es nicht an. Zum Begriff Marktpreis gehört nicht, daß gleichartige Sachen in größeren Mengen angeboten und für sie der gleiche oder ein annähernd gleicher Preis verlangt wird, wie es bei Festpreisen des gleichen Fabrikats oder bei Börsennotierungen zutrifft. Der Marktpreis ist kein Einheitspreis. Ein aufgrund mehrerer Verkäufe gleichartiger Sachen zu unterschiedlichen Preisen errechneter Durch-

---

[15] BGH NJW 1966, 1455 m. w. N.
[16] Vgl. OLG Stuttgart, NJW 1967, 252.
[17] Vgl. Meyers Lexikon, 7. Aufl., unter Markt.

schnittspreis ist kein realer Preis und somit kein Marktpreis, mag er auch so genannt werden. Der in § 9 Abs. 2 BewG definierte gemeine Wert oder Verkaufswert ist ein behelfsmäßig zu bestimmender mutmaßlicher Marktpreis.

Der beim Verkauf eines gebrauchten Kraftfahrzeuges an eine beliebige Person — etwa aufgrund eines Zeitungsinserates — erzielte oder erzielbare Verkaufserlös ist dessen Marktpreis oder Verkehrswert. Das wird vollständig verkannt, wenn das Oberlandesgericht Karlsruhe[18] ausführt: „Der Hinweis darauf, daß die Veräußerung vor dem Unfall möglich gewesen wäre, ist" „unbeachtlich". Der erzielbare Verkaufserlös bildet für sich allein bei fehlender Möglichkeit einer Ersatzbeschaffung auf dem Gebrauchtwagenmarkt keinen verläßlichen Bewertungsmaßstab für den dem Halter durch den Verlust des Fahrzeugs entstandenen materiellen Schaden". Das Oberlandesgericht behandelt damit zum Nachteil des Geschädigten den mutmaßlichen realen individuellen Marktpreis als „unbeachtlich". Das steht in direktem Widerspruch zum Begriff „Zeitwert" oder Verkehrswert als dem „Preis", „der im gewöhnlichen Geschäftsverkehr" „bei der Veräußerung zu erzielen wäre". Warum bei Zugrundelegung eines „Wertersatzes" der erzielbare Verkaufserlös „bei fehlender Möglichkeit einer Ersatzbeschaffung" „keinen verläßlichen Bewertungsmaßstab für den dem Halter durch den Verlust des Fahrzeugs entstandenen materiellen Schaden" bilden soll, ist nicht begreifbar. Die Behauptung des Oberlandesgerichts, weil ein gebrauchtes Fahrzeug von der Art des zerstörten nicht „zu einem durchschnittlichen Preis wieder (zu) erwerben" war, handele es sich um ein „im gewöhnlichen Geschäftsverkehr nicht gehandeltes Fahrzeug" und fehle es am „Vorhandensein eines Marktes", ist bei bestehender Verkaufsmöglichkeit unzutreffend. Allein auf diese kommt es für den Verkaufswert an. Solange ein Fahrzeug der betreffenden Art an eine individuell nicht bestimmte Person verkauft werden kann, fehlt der Markt nicht. Eines Händlermarktes mit größeren Umsätzen gleichartiger Fahrzeuge bedarf es nicht.

Es ist daher insoweit zutreffend, wenn das Oberlandesgericht Stuttgart[19] ausführt, „bei der Bestimmung des ‚Zeitwerts'" komme es „nur darauf an, welchen Preis der Geschädigte unmittelbar vor Eintritt des schädigenden Ereignisses als *Verkäufer* hätte erzielen können", und in weiteren Ausführungen hinzufügt, daß „derjenige Geldbetrag, den" der Geschädigte „anlegen" müsse, „wenn er auf dem Gebrauchtwagenmarkt ein Fahrzeug gleicher Art und Güte *kaufen*" wolle, höher sei.

---

[18] OLG Karlsruhe, VersR 1979, 776.
[19] OLG Stuttgart, NJW 1967, 253.

III. Sachwidrige Übertragung der versicherungsrechtlichen Begriffe „Zeitwert" und „Wiederbeschaffungswert" auf das bürgerliche Schadensersatzrecht

Die Ausdrücke „Zeitwert" und „Wiederbeschaffungswert" sind den Allgemeinen Geschäftsbedingungen der Versicherungsgesellschaften entnommen[20]. In § 4 der „Allgemeinen Bedingungen" der Versicherungsgesellschaften „für die Neuwertversicherung des Hausrats" (VH B 74) heißt es: „Versicherungswert ist der Wiederbeschaffungspreis (Neuwert)". Für manche technische Geräte und für die „nicht mehr zum Gebrauch bestimmten Sachen" „ist der Versicherungswert nur der Zeitwert". In § 13 der „Allgemeinen Bedingungen für die Kraftfahrtversicherung (AKB)" finden sich entsprechende Bestimmungen über den „gemeinen Wert" oder „Zeitwert" und den „Neupreis des Fahrzeugs". „Neupreis ist der vom Versicherungsnehmer zu entrichtende Kaufpreis eines neuen Fahrzeugs in der versicherten Ausführung oder — falls der Fahrzeugtyp nicht mehr hergestellt wird — eines gleichartigen Typs in gleicher Ausführung, jedoch in beiden Fällen höchstens der vom Hersteller unverbindlich empfohlene Preis am Tage des Schadens."

Die Übernahme dieser in der versicherungsvertraglichen Praxis entstandenen und allein auf diese bezogenen „Werte" und der damit zusammenhängenden „allgemeinen versicherungswirtschaftlichen Grundsätze"[21] in das gesetzliche Schadensersatzrecht durch den Bundesgerichtshof ist unhaltbar, weil — wie dargelegt — die Ersetzung des Schadensersatzes durch Wertersatz unrechtmäßig ist. Die in den Allgemeinen Versicherungsbedingungen genannten „Werte" haben ungeachtet der irreführenden sprachlichen Bezeichnung „Schadensversicherung" begrifflich nichts mit Schadensersatz und auch nichts mit gesetzlichem Wertersatz zu tun, sondern betreffen vertragliche Vereinbarungen über besondere Arten von Wertersatz.

Die Schadensersatzpflicht des Schädigers gegenüber dem Geschädigten mit „versicherungswirtschaftlichen Grundsätzen" zu vermengen ist auch aus anderen Gründen methodisch und sachlich fehlerhaft. Das versicherungsrechtliche Innenverhältnis zwischen dem Schädiger und seinem Versicherer kann die Schadenshaftpflicht beider gegenüber dem Geschädigten nicht beeinflussen.

---

[20] Vgl. OLG Stuttgart, NJW 1967, 252 ff.: „kaskoversicherungsrechtlicher Wertbegriff".
[21] BGH NJW 1974, 95. Vgl. dagegen meine Ausführungen SchR I, § 4 G II f 3 aa bbb (S. 232 f., Fn. 294).

III. Versicherungsrechtliche Begriffe u. Bürgerliches Schadensersatzrecht

Nach § 3 Ziff. 1 des PflVG kann zwar der Geschädigte „im Rahmen der Leistungspflicht des Versicherers aus dem Versicherungsverhältnis" „seinen Anspruch auf Ersatz des Schadens auch gegen den Versicherer geltend machen". Die Formulierung dieser Bestimmung bedeutet jedoch eine bedenkliche Vermengung des gesetzlichen Schadensersatzanspruchs gegen den Schädiger mit dem versicherungsvertraglichen Innenverhältnis zwischen Schädiger und Versicherer. In der Praxis wird jeder Schadensersatzprozeß gegen den Haftpflichtversicherer geführt. Der Geschädigte kämpft gegen einen mächtigen Gegner, der über einen aufwendigen Apparat verfügt und nicht immer mit fairen Methoden arbeitet. Sein Anspruch gegen den Schädiger, dem durch die Versicherungsbedingungen die Hände gebunden sind, hat nur noch wenig praktische Bedeutung. Das ändert nichts daran, daß es rechtlich allein auf diesen Anspruch ankommt.

Der Bundesgerichtshof geht vollständig darüber hinweg, daß der in den Allgemeinen Versicherungsbedingungen bei „Neuwertversicherungen" gebrauchte Ausdruck „Wiederbeschaffungspreis" sich gemäß dem vom Versicherer vertraglich übernommenen Risiko auf die Anschaffung einer der versicherten Sache gleichartigen *neuen* Sache bezieht und daß die dem zugrundeliegenden „versicherungswirtschaftlichen Grundsätze" jeden gegenständlichen Bezug und damit jeden Sinn verlieren, wenn man sie auf Schadensersatzleistung durch Anschaffung eines *gebrauchten* Kraftfahrzeugs überträgt[22].

Die vom Bundesgerichtshof vertretene Auffassung führt dazu, den Schadensersatzanspruch des Geschädigten nicht nach dessen Schaden, auf den es rechtlich allein ankommt, sondern nach vermeintlichen wirtschaftlichen „Bedürfnissen" der Versicherungsgesellschaften zu bemessen. Die in der Zerstörung des Fahrzeugs liegenden und darin begründeten Nachteile des Geschädigten, die dessen Schaden ausmachen, verlieren ihre Bedeutung als alleiniger Erkenntnisgegenstand. An die Stelle des inhaltlichen Bezugs auf den Schaden des Geschädigten und damit auf dessen Recht tritt ein diesem persönlich und inhaltlich fremder Bezug auf die „Wirtschaft" des Versicherers. Die objektiven Be-

---

[22] Den Unterschied zwischen der vermeintlichen „Wiederbeschaffung" einer neuen Sache nach dem Recht der Kaskoversicherung und einer gebrauchten Sache hat das OLG Stuttgart (NJW 1967, 252 ff. m. Anm. von Hohenester) nicht bemerkt. Ganz unhaltbar ist es, wenn das OLG den „Wiederbeschaffungswert" als „Marktwert" bezeichnet und Hohenester meint, man könne unter „Marktwert" „sowohl den Veräußerungs- als auch den Wiederbeschaffungswert verstehen, da beide sich auf den Markt beziehen", „das Gleiche" gelte „für die Bezeichnung ‚Verkehrswert'". Hohenesters Vorschlag, die eingebürgerten Ausdrücke „Marktwert" und „Verkehrswert" aufzugeben, läuft darauf hinaus, die allgemeine juristische Terminologie dem Sprachgebrauch der Versicherungsbedingungen anzupassen. Das wäre verfehlt.

IV. Kein schadensersatzrechtlicher „Wiederbeschaffungswert"

griffe des Schadensersatzrechts werden durch überschlägiges kaufmännisches „Schätzen", für das es auf Rechtmäßigkeit und Genauigkeit nicht ankommt, und willkürliche „Zumutbarkeiten" verdrängt. Das Schadensersatzrecht wird damit verfälscht und aufgelöst.

IV. Die Fehlerhaftigkeit eines schadensersatzrechtlichen „Wiederbeschaffungswerts"

Durch das Wort „Wiederbeschaffungswert" wird sprachlich verdeckt, daß der damit gemeinte „Wert" im Gegensatz zum gemeinen Wert oder Marktwert nicht der Wert des zerstörten, sondern eines *anderen* Kraftfahrzeugs ist. Das zerstörte Fahrzeug selbst kann nicht „wieder beschafft" werden. Der Wert eines anderen Fahrzeugs aber ist nur nach dessen eigenen Merkmalen bestimmbar. Der Versuch, den Wert eines anderen Kraftfahrzeugs, sei es auch eines gleichartigen, durch einen „Aufschlag" zum „Zeitwert" des zerstörten zu bestimmen, der in der Rechtsprechung mit 15 % eingesetzt wird[23], ist methodisch seinem Ansatz nach verfehlt.

Wenn in den Allgemeinen Versicherungsbedingungen der Kaskoversicherung der für ein dem versicherten Kraftfahrzeug gleichartiges anderes Fahrzeug zu zahlende Preis „Wiederbeschaffungspreis" genannt wird, handelt es sich um den *realen Marktpreis* eines fabrikneuen gleichartigen Fahrzeugs. In der Rechtsprechung des Bundesgerichtshofs wird daraus durch „Aufschläge" bzw. „Abzüge" der *fiktive* „Wert" eines Phantomfahrzeugs.

Nach dem Urteil des Bundesgerichtshofs hat bei Totalschaden eines Kraftfahrzeugs der Ersatzpflichtige im Regelfall den „Betrag" zu ersetzen, „den der Geschädigte aufwenden muß, um einen ähnlichen bereits gebrauchten Wagen zu erwerben"[24]. Gemäß dem Leitsatz dieses Urteils ist „in der Regel von dem Preis auszugehen, den der Geschädigte aufwenden muß, um ein gleichwertiges gebrauchtes Fahrzeug zu erwerben". Das Oberlandesgericht Stuttgart meint, durch Zahlung des „Wiederbeschaffungswerts" werde der Eigentümer eines total zerstörten Kraftfahrzeugs „in die Lage versetzt", „sich auf dem Gebrauchtwagenmarkt einen gleichartigen und gleichwertigen Wagen", also „ein Fahrzeug gleicher Art und Güte" „zu beschaffen"[25]. Das Oberlandes-

---

[23] So z. B. das OLG Oldenburg, VersR 1969, 431.
[24] BGH NJW 1966, 1455.
[25] OLG Stuttgart, NJW 1967, 253 unter Berufung auf Sanden; das Erfordernis gleicher Art und Güte betont in Übereinstimmung mit dem OLG Hamm auch Maase, NJW 1968, 2111.

gericht Nürnberg führt aus: „Im Fall der Produktionseinstellung eines bestimmten Kraftfahrzeugs schuldet der ersatzpflichtige Schädiger dem Eigentümer ... ein ähnliches, möglichst gleichwertiges Gebrauchtfahrzeug..."[26].

Diese Ausführungen des Bundesgerichtshofs und des Oberlandesgerichts Nürnberg einerseits, des Oberlandesgerichts Stuttgart andererseits weichen erheblich voneinander ab.

a) Es ist zunächst etwas völlig anderes, wenn der Bundesgerichtshof in seiner Urteilsbegründung von einem „ähnlichen" bereits gebrauchten Wagen spricht, während im Leitsatz desselben Urteils der Ausdruck „gleichwertiges" gebrauchtes Fahrzeug steht. Der Leitsatz ist zwar nicht Bestandteil des Urteils, wird aber praktisch wie ein Gesetz behandelt[27]. Der Gebrauch gegensätzlicher Wendungen der Begründung und im Leitsatz eines Urteils des Bundesgerichtshofs ist daher in hohem Grade geeignet, Verwirrung zu stiften.

Ähnlichkeit ist Gleichheit in einem oder mehreren Artmerkmalen, Ungleichheit in einem oder mehreren anderen Artmerkmalen desselben Gattungsbegriffs. Wenn der Bundesgerichtshof von einem „ähnlichen bereits gebrauchten Wagen" spricht, ist Gattungsbegriff der Begriff „bereits gebrauchter Wagen", wobei dem Zusammenhang nach klar ist, daß es sich um ein gebrauchtes Kraftfahrzeug handelt. Eine Ähnlichkeit innerhalb dieser Gattung wäre nur feststellbar, wenn der Bundesgerichtshof zumindest Merkmale der Gleichheit angeben würde. Da das nicht geschieht, hat das Wort „Ähnlichkeit" im Urteil des Bundesgerichtshofs keinen Inhalt und damit auch keinen gegenständlichen Bezug. Zur Bejahung einer „Ähnlichkeit" kann es danach z. B. genügen, daß es sich um einen Lastkraftwagen oder einen Personenkraftwagen, um ein vierrädriges Fahrzeug oder um ein solches mit einem Benzinmotor handelt. Ein objektives Kriterium dafür, welche Merkmale für die „Ähnlichkeit" von Bedeutung sein sollen und welche nicht, gibt es nach dem Bundesgerichtshof nicht: Ein Goggomobil aus dem Jahr 1958 und ein Volvo der neuesten Serie gleichen einander darin, daß es sich um Personenkraftwagen handelt, sind also „ähnlich". Ein Mercedes 280 SEL und ein MAN-LKW gleichen einander darin, daß es sich um Autos mit vier Rädern, Scheibenwischern usw. handelt, sind also ebenfalls „ähnlich".

Mit „gleichwertig" meint der Bundesgerichtshof den von ihm eingeführten, auf der Grundlage des „Zeitwerts" zu errechnenden „Wieder-

---

[26] OLG Nürnberg, VersR 1976, 1167 f.
[27] Zur Unhaltbarkeit der „Leitsätze" vgl. meine Ausführungen, Das Recht zur Aussperrung, 1981, S. 249, 251, 383.

IV. Kein schadensersatzrechtlicher „Wiederbeschaffungswert" 19

beschaffungswert", also einen „Marktwert". Das folgt daraus, daß es nach ihm „darauf ankommt, einen Zustand herzustellen, der demjenigen wirtschaftlich entspricht, der ohne das Schadensereignis bestanden hätte", und daß er den Ersatz des entgangenen individuellen Gebrauchswerts grundsätzlich ablehnt[28]. Die Artmerkmale des „gebrauchten gleichwertigen Fahrzeugs" bleiben dabei völlig unbestimmt. Außer der Gleichheit des Marktpreises gibt es keinerlei Merkmale. Ein gebrauchter Lastkraftwagen, der 5000.— DM kostet, ist einem zum gleichen Preis erhältlichen gebrauchten Volkswagen „gleichwertig", ebenso wie z. B. auch ein zu diesem Preis auf dem Markt gehandeltes Pferd.

Daß die vom Bundesgerichtshof verlangte „Gleichwertigkeit" des zerstörten Fahrzeugs und des zu beschaffenden Ersatzfahrzeugs allein in der zufälligen Gleichheit des Marktpreises bestehen kann, alle preisbildenden Sachfaktoren dabei ausscheiden, folgt auch daraus, daß der Marktpreis eines gebrauchten Kraftfahrzeugs von Fabrikat, Baujahr, Tachometerstand, Erhaltungszustand, Zubehör, usw. abhängt. Da diese Faktoren bei verschiedenen auf dem Markt erhältlichen Fahrzeugen niemals gleich sind, jede Verschiedenheit auch nur eines von ihnen aber bei gleichem Marktpreis die aller anderen bedingt, bleibt außer der Gleichheit des Marktpreises von der „Wertgleichheit" und damit vom „Wiederbeschaffungswert" nichts übrig. Der „Wiederbeschaffungswert" ist ein Betrag, für den der Geschädigte gerade *kein* individuell und sachlich gleichwertiges Fahrzeug erwerben kann.

Es bedarf nach dem Gesagten keiner weiteren Darlegung, daß weder „Ähnlichkeit" noch „Gleichwertigkeit" objektive Merkmale der Schadenserkenntnis sein können. Da jeder dieser Ausdrücke inhaltlos ist, sind es auch beide zusammen, gibt es danach nur willkürliche Einzelfallentscheidungen. Von einer „Objektivierung", die der Bundesgerichtshof damit erreichen zu können glaubt[29], kann keine Rede sein. Das folgt auch daraus, daß es das mit „Objektivierung" Behauptete nicht gibt.

Objektivität ist ausschließliche Gegenstandsbedingtheit eines Begriffs, eines Urteils oder einer Methode. Der Gegensatz dazu ist Subjektivität — Subjektivität ist Ichbedingtheit eines Entschließens, Wollens oder Glaubens, einer Meinung oder Bewußtheit. Subjektives kann nicht objektiv gemacht und somit nicht „objektiviert" werden. Die vom Bundesgerichtshof eingeführte „Bewertung", „die von individuellen Sonderheiten" des Gegenstands, hier des Schadens „absieht"[30], ist notwendig subjektiv.

---
[28] BGH NJW 1966, 1455.
[29] BGH NJW 1966, 1455.
[30] BGH NJW 1966, 1455.

IV. Kein schadensersatzrechtlicher „Wiederbeschaffungswert"

Die vom Bundesgerichtshof[31] behaupteten „im Verkehr geltenden Wertmaßstäbe" oder „im Verkehr anerkannten Bewertungsmaßstäbe" existieren nicht. Richtpreise einer Interessengruppe sind keine „im Verkehr geltenden Wertmaßstäbe". Die weitere Behauptung des Bundesgerichtshofs, die angebliche „Objektivierung" führe „vielfach auch zu einer Begünstigung des Ersatzberechtigten"[32], widerspricht kraß den bitteren Erfahrungen zahlloser Geschädigter, ganz abgesehen davon, daß eine solche „Begünstigung" ebenfalls unrechtmäßig wäre.

Der zu ersetzende Schaden sind *sämtliche* beim Verletzten infolge des tatbestandsmäßigen Umstands eingetretenen Nachteile, und nur diese. Sein Ersatz besteht im Ausgleich *aller* dieser Nachteile. Der Versuch des Bundesgerichtshofs, den Schadensersatz unabhängig vom individuellen Schaden des Geschädigten zu bestimmen, verstößt nicht nur gegen § 249 S. 1 BGB, sondern ist logisch und damit notwendig auch sachlich unmöglich. Einen vom Schaden unabhängigen Schadensersatz und einen anderen „Wertungsmaßstab" oder „Bewertungsmaßstab" des Schadensersatzes als den des eingetretenen Schadens gibt es nicht. Richtpreissätze von Autohändlern sind weder objektiv noch haben sie etwas mit einem zu ersetzenden Schaden zu tun.

b) Das Oberlandesgericht Stuttgart[33] wendet zutreffend § 251 BGB an, geht also zutreffend davon aus, daß bei Zerstörung eines gebrauchten Kraftfahrzeugs die an sich zu leistende Naturalrestitution unmöglich ist. Das nicht mehr existierende Fahrzeug kann nicht wieder beschafft werden und es ist auch nicht möglich, ein ihm in Fabrikat, Typ, Baujahr, Tachometerstand, Erhaltungszustand usw. genau gleichendes Ersatzfahrzeug zu beschaffen. Das Oberlandesgericht hätte daraus folgerichtig ableiten müssen, daß der Ersatzpflichtige den vollen individuellen Schaden des Verletzten in Geld zu ersetzen hat. Mit der Behauptung, durch Zahlung des „Wiederbeschaffungswerts" werde der Eigentümer eines zerstörten Kraftfahrzeugs „in die Lage versetzt, sich auf dem Gebrauchtwagenmarkt einen gleichartigen und gleichwertigen Wagen", also „ein Fahrzeug gleicher Art und Güte" „zu beschaffen", vertritt das Gericht stattdessen eine Geldschuld, deren Umfang durch die Merkmale einer Sachgattungsschuld von Gebrauchtwagen bestimmt sein soll. Das widerspricht den §§ 249 S. 1, 251 BGB.

Nach diesen Bestimmungen kann es vorkommen, daß der Schadensersatzpflichtige dem Berechtigten eine neue Sache, z. B. bei Zerstörung eines neuen Kraftfahrzeugs, ein gleichartiges anderes schuldet und im

---

[31] BGH NJW 1966, 1455 f.
[32] BGH NJW 1966, 1455.
[33] Vgl. oben Fn. 25.

IV. Kein schadensersatzrechtlicher „Wiederbeschaffungswert"

Einverständnis mit ihm den für die Anschaffung erforderlichen Geldbetrag zahlt (§ 364 Abs. 1 BGB). Ohne Einverständnis des Geschädigten und bei Zerstörung eines gebrauchten Kraftfahrzeugs gibt es das nicht. Eine gesetzliche Gattungsschuld von Gebrauchtwagen einer bestimmten „Art und Güte" ist ausgeschlossen[34].

Die Unmöglichkeit einer solchen Gattungsschuld folgt daraus, daß kein gebrauchtes Kraftfahrzeug einem anderen gebrauchten Kraftfahrzeug des gleichen Fabrikats und Typs — andere gehören nicht zur Gattung — in seiner Güte gleicht. Daß die individuellen Verschiedenheiten in der Art der Beanspruchung, der Fahrweise und der Pflege des Fahrzeugs sich auf dessen Substanzwert erheblich auswirken, weiß jeder Kraftfahrer, Kraftfahrzeugmechaniker und Kraftfahrzeughändler, nicht zuletzt jeder Gebrauchtwagenhändler. Baujahr und Zahl der gefahrenen Kilometer ergeben darüber im Einzelfall nichts. Verborgene Mängel kann auch ein Sachverständiger nicht feststellen[35]. Der Kauf eines gebrauchten Kraftfahrzeugs ist im Regelfall Glückssache. Ein gebrauchtes Kraftfahrzeug ist daher stets eine nicht vertretbare Sache. Sie kann auch durch „seriöse Gebrauchtwagenhändler", „Werkstättengarantie" und Sachverständigengutachten[36] nicht zu einer vertretbaren gemacht werden. Es ist demgemäß auch nicht möglich, bezüglich ihrer von Gesetzes oder Gerichts wegen eine Gattungsschuld anzuordnen. Das Merkmal, „sich auf dem Gebrauchtwagenmarkt einen gleichartigen und gleichwertigen Wagen zu beschaffen", ist bezüglich der „Gleichwertigkeit" niemals erfüllbar.

Gibt es eine derartige schadensersatzrechtliche Gattungsschuld nicht, kann sie auch nicht Grundlage der Berechnung des Geldersatzes sein und kann dem Geschädigten auch im Rahmen einer solchen Berechnung die Anschaffung eines gebrauchten Wagens nicht aufgezwungen werden. Die gegenteilige Auffassung führt zu einer Auflösung des gesetzlichen Schadensersatzrechts. Die Geschädigten werden in ihren Rechten verletzt und wirtschaftlich benachteiligt.

Gebrauchte Wagen werden zwar auf dem Markt gehandelt. Das geschieht aber nur durch Stückkauf. Ob ein Mensch — vielleicht aufgrund eigener Sachkunde oder persönlichen Vertrauens zum Veräußerer — die mit dem Erwerb eines bestimmten gebrauchten Wagens verbundenen Risiken und sonstigen Nachteile übernehmen zu können

---

[34] Rechtsgeschäftlich können beliebige Gattungsmerkmale vereinbart werden. Vertragliche Gattungsschulden gebrauchter Kraftfahrzeuge dürften außer bei Lieferungen in bestimmte Exportländer nicht vorkommen.

[35] So zutreffend OLG Stuttgart, NJW 1967, 254.

[36] BGH NJW 1966, 1455. Zur Unhaltbarkeit dieser Auffassung des BGH vgl. meine Ausführungen SchR I, § 4 G II f 3 aa bbb (232).

glaubt, steht ausschließlich in seiner persönlichen Entscheidung. Kann er sich dazu nicht entschließen, können für ihn nicht die bei einer Gattungsschuld mit der Nichtannahme einer angebotenen Gattungssache verbundenen Nachteile entstehen. Daß ein Schädiger einem Geschädigten ein gebrauchtes Kraftfahrzeug der Gattung nach schuldet, ist daher ausgeschlossen.

Die Unhaltbarkeit der vom Oberlandesgericht Stuttgart vertretenen Lehre einer Geldschuld, deren Umfang durch die Merkmale einer Sachgattungsschuld von Gebrauchtwagen bestimmt sein soll, zeigt sich mit besonderer Deutlichkeit, wenn die Produktion eines bestimmten Fahrzeugtyps eingestellt wird und die betreffende Gattung danach allmählich vom Gebrauchtwagenmarkt verschwindet. Nach der Rechtsprechung des Oberlandesgerichts Stuttgart und der ihr folgenden Gerichte tritt in solchen Fällen der Zustand ein, daß der Geschädigte gezwungen wird, sich auf dem bis zum letzten angebotenen Fahrzeug des auslaufenden Typs noch vorhandenen Markt für diese immer seltener werdenden Gebrauchtwagen kurzfristig ein „gleichartiges und gleichwertiges" Ersatzfahrzeug zu beschaffen und dabei noch alle Risiken des Mißlingens trägt.

c) Die Ansicht des Oberlandesgerichts Nürnberg[37], „im Fall der Produktionseinstellung eines bestimmten Fahrzeugs" schulde „der ersatzpflichtige Schädiger dem Eigentümer" „ein ähnliches, möglichst gleichwertiges Gebrauchtfahrzeug", stimmt mit dem Urteil des Bundesgerichtshofs in den bereits widerlegten Merkmalen „ähnlich" und „gleichwertig" überein. Sie unterscheidet sich von diesem vorangegangenen Urteil wie auch von dem des Oberlandesgerichts Stuttgart darin, daß der Schädiger nicht Geld, sondern ein „Gebrauchtfahrzeug", also Sachersatz (Naturalrestitution) schulden soll. Da die damit behauptete Schuld nur eine Gattungsschuld sein kann, gilt insoweit das zur Unmöglichkeit einer gesetzlichen Gattungsschuld von Gebrauchtwagen bereits Dargelegte. Hinzu kommen die bemerkenswerten Behauptungen einer Gattungssachschuld eines gebrauchten Kraftfahrzeugs unbestimmten Fabrikats und Typs und des „Wiederbeschaffungswerts" eines Kraftfahrzeugs, das es der Gattung nach nicht mehr gibt. Der Sache nach handelt es sich dabei um eine Gattungsschuld ohne allgemeine Sachmerkmale und damit ohne Gattung.

Das Oberlandesgericht Nürnberg[38] führt aus:

„Beschädigt wurde ein gebrauchter LKW. Für ihn ist grundsätzlich durch einen anderen gebrauchten LKW Ersatz zu leisten." „Durch das Gutachten

---

[37] OLG Nürnberg, VersR 1976, 1167 f. Vgl. oben Fn. 26.
[38] OLG Nürnberg, VersR 1976, 1167 f.

IV. Kein schadensersatzrechtlicher „Wiederbeschaffungswert" 23

des Sachverständigen J. ist bewiesen, daß im Raum ... sehr wohl ein Markt für gebrauchte LKW besteht." Zwar waren „Gebrauchtfahrzeuge dieses Typs kaum und Neufahrzeuge überhaupt nicht mehr zu kaufen. Auf dem Markt befanden sich aber diesem Fahrzeugtyp ähnliche LKW im Neu- wie im Gebrauchtzustand". „Im Fall der Produktionseinstellung eines bestimmten Fahrzeugs schuldet der ersatzpflichtige Schädiger dem Eigentümer eines total beschädigten gebrauchten LKW weder ein Neufahrzeug anderen Typs noch ein Gebrauchtfahrzeug des kaum mehr erhältlichen Fahrzeugtyps, sondern ein ähnliches, möglichst gleichwertiges Gebrauchtfahrzeug." „Da" „ein Gebrauchtwagenmarkt für LKW besteht, auf dem der Geschädigte sich gleichwertigen Ersatz hätte beschaffen können, kann er Mietkostenersatz nicht für 46 Tage, die bis zur Auslieferung des Neufahrzeugs verstrichen, verlangen, sondern nur für den zur Beschaffung eines Gebraucht-LKW notwendigen Zeitraum. Der Sachverständige J. hat ausgeführt, daß Kaufbemühungen angesichts des im August/September 1973 vorhandenen LKW-Angebots auf dem Gebrauchtwagenmarkt binnen 10 - 14 Tagen zum Erfolg geführt hätten". Das Gericht geht deshalb „auch im vorliegenden Fall von der regelmäßig mit drei Wochen ab dem Unfalltag gerechnet anzusetzenden Frist für die Wiederbeschaffung aus".

Diese Ausführungen bedeuten: Das Gericht diktiert die Anschaffung eines Gebrauchtwagens innerhalb einer „Frist" von drei Wochen, falls der Kauf eines neuen Fahrzeugs länger dauert. Es stützt sich dabei auf die Behauptung eines Sachverständigen, der die individuelle Beschaffenheit und Preiswürdigkeit der nach ihm „auf dem Markt" befindlichen Fahrzeuge nicht nachgeprüft haben kann. Für „zeitverzögernde Schwierigkeiten bei der Beschaffung eines gleichwertigen Gebraucht-LKW" bürdet das Gericht dem Geschädigten, der eines solchen Urteils nicht gewärtig sein konnte, die Behauptung — und Beweislast auf[39]: LKW ist LKW!

„Erste Voraussetzung" ist nach dem Oberlandesgericht Nürnberg „natürlich, daß Gebraucht-LKW überhaupt beschaffbar sind"[40], d. h. daß irgendwelche gebrauchte Lastkraftwagen auf irgendeinem Markt in der Bundesrepublik angeboten werden. Mehr ist nach dem Oberlandesgericht „zur Wiederherstellung eines wirtschaftlich gleichen Zustands nicht ‚erforderlich'"[41]. Auf die besonderen Merkmale des gebrauchten Kraftfahrzeuges kommt es nach dieser Auffassung, die in Ermangelung einer Einschränkung auch für Personenkraftwagen gilt, nicht an. Daß die Kraftfahrzeugindustrie eine Fülle von Typen und Güteklassen für jeden Bedarf und Geschmack produziert und die dadurch bedingten Verschiedenheiten nicht nur in der Werbung aufwendig betont werden, sondern auch das Käuferverhalten stark beeinflussen, hat nach dem Oberlandesgericht Nürnberg bei Totalschäden keine Bedeutung.

---
[39] OLG Nürnberg, VersR 1976, 1168.
[40] OLG Nürnberg, VersR 1976, 1167.
[41] OLG Nürnberg, VersR 1976, 1167.

Die damit gänzlich aufgegebenen objektiven Merkmale des Fabrikats und Typs mit allen dazu gehörenden Einzelheiten wie Hubraum, Motorstärke, Fahreigenschaften, Kraftstoffverbrauch, Dauerhaftigkeit, Reparaturanfälligkeit, sonstige Unterhaltungskosten usw. ersetzt das Oberlandesgericht Nürnberg durch die Wendung, „der ersatzpflichtige Schädiger" schulde dem Geschädigten „ein ähnliches, möglichst gleichwertiges Gebrauchtfahrzeug". Da das Oberlandesgericht die Gleichheit der Gattungsmerkmale ablehnt, gebraucht es das Wort „ähnlich" nicht in seiner begrifflichen Bedeutung. Die Bestimmung dessen, was „ähnlich" ist, steht nach ihm im freien Ermessen des Gerichts. Dasselbe gilt für „möglichst gleichwertig". Einen Marktwert von Lastkraftwagen unbestimmter Gattung gibt es nicht, mithin auch keine „Gleichwertigkeit" von solchem. Die Wendung „ähnliches, möglichst gleichwertiges Gebrauchtfahrzeug" ist ein leeres Deckwort für willkürliche gerichtliche Einzelfallentscheidungen, die darauf hinauslaufen, daß der Geschädigte sich jedes beliebige Fahrzeug gleich welchen Fabrikats und Typs zudiktieren lassen muß. Rechte hat er danach nicht mehr.

V. Unzulässigkeit und Unbrauchbarkeit von Marktpreislisten für Gebrauchtfahrzeuge bei der Schadenserkenntnis

Nach dem Oberlandesgericht Stuttgart[42] „liefert der monatlich erscheinende ‚Marktbericht für Gebrauchtfahrzeuge' von Hanns W. Schwacke (‚Schwacke-Bericht')", der „sowohl bei den Gebrauchtwagenhändlern wie bei den Versicherungen als zuverlässig" gelte, „wertvolle Anhaltspunkte für die Marktlage". „Die Begutachtung durch einen Sachverständigen" sei „mit Rücksicht auf den geringen Streitwert nicht angebracht, zumal da auch ein Sachverständiger auf tabellarisch erfaßte Erfahrungswerte angewiesen wäre, weil das beschädigte Fahrzeug längst verkauft" sei. Das Gericht legt deshalb den „Schwacke-Bericht" seinem Urteil unmittelbar zugrunde.

Der „Schwacke-Bericht" ist eine Liste bundeseinheitlich geschätzter *Einkaufs*preise für Gebrauchtwagenhändler, deren „Werte" häufig einem Bruchteil des Marktwertes des zerstörten Kraftfahrzeugs — und damit auch des Schadens — entsprechen. Die Liste von Betzel, Danner, Georgi und Langhammer (Auflage 1977)[43] enthält auf den Seiten 78 und

---

[42] OLG Stuttgart, NJW 1967, 254.

[43] Auf diese Liste hat in einem Schadensersatzprozeß vor der 1. Zivilkammer des Landgerichts Marburg/Lahn ein vom Gericht bestellter Sachverständiger sein Gutachten gestützt, das das Gericht seinem Urteil zugrunde legte. Dem Kläger wurden auf sein Verlangen, diese Liste einzusehen, Fotokopien der Seiten 78 und 79 zugeleitet, auf denen eine Zahlenreihe und eine sich

79 eine Tabelle der „Prozentsätze für die Bewertung von PKW" und eine graphische Kurve „Zeitwert PKW", wonach der „Zeitwert" für sämtliche Fabrikate und Typen und für jede Beschaffenheit im 10. Jahr des Gebrauchs 8 % beträgt. Ab dem 10. Jahr fallen Tabelle und Kurve ohne erkennbaren Grund plötzlich nicht mehr kontinuierlich weiter ab, sondern bleiben mit dem Wert 8 % konstant. Ab dem 9. Jahr hätte danach jeder Gebrauchtwagen auf unbegrenzte Zeit den „Zeitwert" 8 % des Anschaffungspreises. Mit diesem willkürlichen Abbruch wird die abwegige Konsequenz verdeckt, daß nach dem zugrundegelegten Zahlenschlüssel eines Wertverlustes von 1 % je gefahrene 1000 km der Marktwert jedes neuen Kraftfahrzeugs ab 100 000 km null sein würde.

In der Liste von Betzel, Danner, Georgi und Langhammer ist nicht kenntlich gemacht, daß der zugrundegelegte Ansatz eines „Wertverlusts" von 1 % je 1000 gefahrene Kilometer auf ein Urteil des Kammergerichts zurückgeht, dem andere Gerichte gefolgt sind[44]. Der Kontrolle durch die Gerichte und die Öffentlichkeit wird dadurch entzogen, daß die Verfasser der „Liste" den vom Kammergericht aufgestellten Zahlenschlüssel in der Anwendung grundlegend *verändert* haben. Während nämlich das Kammergericht diesen Schlüssel bei der Ermittlung des zu ersetzenden *Gebrauchs*werts auf die Berechnung der Differenz bezieht, um die der Gebrauchswert des zerstörten Fahrzeugs hinter dem eines gleichartigen Neuwagens zurückbleibt, machen Betzel, Danner, Georgi und Langhammer daraus einen Schlüssel für die Bestimmung des „Zeitwerts", also des gemeinen Werts oder Marktwerts des zerstörten Wagens und damit zugleich des „Wiederbeschaffungswerts". Es ist klar, daß die Ergebnisse dieser sich zum Vorteil der Versicherungsgesellschaften auswirkenden Veränderung der Rechtsprechung des Bundesgerichtshofs und des Oberlandesgerichts nicht entsprechen.

Mit dem Veräußerungswert eines bestimmten realen Gebrauchtwagen und somit auch des beschädigten Fahrzeugs auf einem für dieses individuelle Fahrzeug in Frage kommenden realen Markt, haben die genannten und andere „Listen" nichts zu tun. Sie wie Börsennotierungen für zuverlässig zu halten, ist fehlerhaft, auch wenn es auf dem Umweg über das Gutachten eines Sachverständigen geschieht. Da diese „Listen" keinerlei Beweiswert haben, ist ihre Anwendung beweisrechtlich unzulässig. Die Einholung eines Sachverständigengutachtens über

---

darauf beziehende graphische Skizze abgedruckt sind. Die Liste war in den Bibliotheken der Marburger Justizbehörden, des Fachbereichs Rechtswissenschaft und der Universität und der Universitätsbibliothek dieser Stadt nicht vorhanden.
[44] KG NJW 1972, 769; ebenso OLG Stuttgart, VersR 1976, 766. Vgl. dazu meine Ausführungen, SchR I, § 4 G II f 3 aa bbb (S. 231 Fn. 293).

den „Wiederbeschaffungswert" ist zusätzlich deshalb verfehlt, weil ein technischer Sachverständiger kein geschulter Marktforscher ist, weil das Gericht eine erforderliche Beweisaufnahme nicht pauschal einem Dritten, auch nicht einem Sachverständigen, überlassen darf, und weil die den „Listen" zugrundeliegende höchstrichterliche Rechtsprechung allein durch ein Gericht beurteilbar ist. Die auf unkontrollierbare Weise von Privatpersonen erstellten „Listen" sind den Geschädigten und ihren Rechtsanwälten praktisch unzugänglich. Die Verfasser stehen zumindest teilweise im Dienst von Interessenten, deren Interessen darin bestehen, den Schadensersatz so niedrig wie möglich zu halten[45].

Wenn die Gerichte solche „Listen" wie Gesetze anwenden, ohne die dagegen bestehenden rechtlichen Bedenken auch nur mit einem Wort zu erwähnen, muß das Erstaunen erregen.

VI. Weitere Fehler in der Rechtsprechung zum „Wiederbeschaffungswert"

Der Schluß von einem falschen Verkaufspreis auf den Ankaufspreis eines „dem Unfallfahrzeug entsprechenden Ersatzwagens" unabhängig davon, ob ein Fahrzeug der betreffenden Art am Ort des Geschädigten oder in dessen näherer Umgebung angeboten wird, wie es gegebenenfalls beschaffen ist und was es kostet, ist zusätzlich deshalb verfehlt, weil dabei auch noch der unbekannte „Ersatzwagen" und dessen „Preis" imaginär sind. Die sich daraus für die Erkenntnis des dem Geschädigten tatsächlich entstandenen Schadens ergebenden Fehler können nicht durch allgemein geschätzte Zuschläge und Abzüge korrigiert werden, wie der Bundesgerichtshof und die ihm folgenden Gerichte es versuchen. Auch diese in der Rechtsprechung festgesetzten pauschalen Zuschläge und Abzüge gehen an dem individuellen Schaden vorbei. Die im Steuerrecht gebräuchliche Methode der Einsetzung von Pauschsätzen ist für die Schadenserkenntnis untauglich und daher bei dieser nicht zulässig.

Der Marktpreis und damit der „Zeitwert" eines gebrauchten Wagens ist zuverlässig nur feststellbar, wenn dieser auf dem Markt tatsächlich veräußert wird. Die behelfsmäßige Wertschätzung eines bestimmten gebrauchten Kraftfahrzeugs nach § 9 BewG genügt in den Fällen, in denen diese Bestimmung Anwendung findet, insbesondere bei der

---

[45] Der Mitverfasser der Liste von Bätzel, Danner, Georgi und Langhammer, Direktor Dr. Ing. Max Danner, ist ausweislich Kürschners Deutscher Gelehrten Kalender 1980 wissenschaftlicher Leiter des Institutsbereichs Kraft im Allianz-Zentrum für Technik.

VI. Weitere Fehler zum „Wiederbeschaffungswert"

steuerlichen Bewertung, unter der Voraussetzung, daß dabei die Preise und die diese bedingenden Faktoren am Ort des Steuerpflichtigen oder in dessen näherer Umgebung[46] am Stichtag der Bewertung genau ermittelt werden. Die Ansicht von Wussow[47], es seien die Preise „am günstigsten Ort" zu ermitteln, läßt sich nicht halten. Es kann nicht verlangt werden, daß ein Geschädigter die Mühen, Risiken und Kosten von Reisen auf sich nimmt, zumal die Hoffnung, dafür Ersatz zu erlangen, nach der Rechtsprechung mehr als ungewiß ist. Die der Gegenauffassung zugrundeliegende Annahme einer bundesweiten Beschaffungsschuld scheitert — von rechtlichen Gründen abgesehen — daran, daß die im Bundesgebiet bestehenden Angebote oder Absatzmöglichkeiten auszuschöpfen keinem Menschen möglich ist.

Einen bundesweiten Veräußerungspreis eines gebrauchten Kraftfahrzeugs gibt es auch bei behelfsmäßiger Schätzung nicht, weil die Verhältnisse auf den zahlreichen örtlichen und regionalen Märkten nach Angebot und Nachfrage sehr verschieden sein können und weil die an den verschiedenen Orten preisbedingend wirkenden Faktoren nicht erkennbar sind. Die Annahme eines bundesweiten Einheitspreises für Kraftfahrzeuge eines bestimmten Fabrikats, Typs, Herstellungsjahres und Tachometerstands scheitert zusätzlich daran, daß die individuelle Beschaffenheit der bekannten veräußerten Fahrzeuge und damit ihre Güte unbekannt ist und es außerdem unmöglich ist, alle tatsächlich veräußerten Fahrzeuge zu erfassen. Alle Angaben sind notwendig zufällig und bruchstückhaft. Aus möglicherweise weit auseinander liegenden Preisen über Fahrzeuge unbekannter Güte einen Mittelwert als bundesweiten Durchschnittspreis und einheitlichen „Marktpreis" zu „errechnen", wie es in Händlerlisten und anderen „Preislisten" für Gebrauchtwagen geschieht, ist methodisch und damit auch sachlich verfehlt. Es handelt sich um Scheinkonstruktionen, hinter denen sich willkürliche Behauptungen verbergen.

Da der durch einen fiktiven „Aufschlag" zum „Zeitwert" „ermittelte" „Wiederbeschaffungswert" gegenstandslos ist, sind es notwendig auch die sich darauf beziehenden „Zuschläge" und „Abschläge". Diese schematisch angesetzten „Werte" beruhen nicht etwa auf methodischen Marktanalysen, sondern werden in Urteilen des Bundesgerichtshofs[48] und anderer Gerichte[49] judiziell festgesetzt bzw. abgelehnt, teilweise mit marktwirtschaftlich falscher Begründung[50]. Die Festsetzung durch

---

[46] OLG Nürnberg, VersR 1976, 1167: „im Raum".
[47] Wussow, Das Unfallhaftpflichtrecht, 12. Aufl. 1975, Rn. 196.
[48] Vgl. BGH NJW 1966, 1455; 1978, 1373.
[49] Vgl. OLG Stuttgart, VersR 1976, 766 f.
[50] Vgl. BGH NJW 1978, 1373 f.

VI. Weitere Fehler zum „Wiederbeschaffungswert"

die Gerichte bedeutet, daß die Erkenntnis einer tatsächlichen Marktlage fehlerhaft als Rechtsfrage behandelt wird.

Der in der Rechtsprechung zugelassene „Aufschlag" von 15 %, mit dem eine etwaige Händlerspanne abgegolten werden soll, ist fiktiv; die Händlerspanne kann im einzelnen Fall in beliebiger Höhe entstehen oder nicht. Eine gesetzliche oder rechtsdogmatische Grundlage gibt es auch insoweit nicht[51].

Auch die Methode, den „Wiederbeschaffungswert" durch „Zuschläge" zum „Zeitwert" zu bestimmen, ist den Allgemeinen Versicherungsbedingungen der Kaskoversicherung entnommen (vgl. § 13 Abs. 2 AKB)[52]. Gegen diese Übernahme bestehen die bereits dargelegten Bedenken. Hinzu kommt, daß es sich in den Allgemeinen Versicherungsbedingungen um einen vertraglich vereinbarten einmaligen Zuschlag handelt, während in der Rechtsprechung zum Schadensersatz wegen Totalschaden eines Kraftfahrzeugs eine unbestimmte Reihe von „Faktoren" vorkommt, die in ihrer Höhe und in ihrem Verhältnis zueinander von Fall zu Fall verschieden sind.

Mit den „Verhältnissen auf dem Gebrauchtwagenmarkt" hat diese Rechtsprechung entgegen der Ansicht des Bundesgerichtshofs nichts zu tun. Den vermeintlichen „Wiederbeschaffungswert" als „Marktwert" zu bezeichnen[53], ist fehlerhaft. Wenn die Gerichte für den Ankauf eines solchen Geisterfahrzeugs eine „Frist" von „regelmäßig drei Wochen ab dem Unfalltag" ansetzen, innerhalb deren der Geschädigte „einige Tage in Anspruch nehmen kann, um nach Erhalt des Gutachtens seine Entschlüsse zu fassen"[54], wird der Geschädigte in die Zwangslage versetzt, zu möglicherweise ungünstigen Bedingungen irgendein zufällig angebotenes Fahrzeug zu kaufen, auch wenn er dazu kein Vertrauen hat und dieses Fahrzeug freiwillig niemals kaufen würde. Der vom Bundesgerichtshof „Zeitwert" genannte gemeine Wert ist aber der Preis aufgrund eines „Verkaufs" „im gewöhnlichen Geschäftsverkehr", „bei dem jeder Vertragspartner ohne Zwang und nicht aus Not, sondern freiwillig in Wahrung seiner eigenen wirtschaftlichen Interessen zu handeln in der Lage ist"[55]. Da diese Erfordernisse bei einem unter

---

[51] Im Ergebnis ebenso Wussow, Rn. 1196 m. w. N.: „Theoretisch bedenklich".

[52] Zur Wirrnis der „Zuschläge" und „Abzüge" vgl. OLG Stuttgart NJW 1967, 253. Vgl. auch OLG Stuttgart NJW 1976, 766 f.

[53] So das OLG Stuttgart, NJW 1967, 252 ff., m. Anm. von Hohenester.

[54] OLG Nürnberg, VersR 1976, 1167; die Sachverständigen hatten in diesem Prozeß Fristen von „8 bis 10 Tagen" bzw. „10 bis 14 Tagen" angegeben.

[55] Rössler / Troll / Langner, Bewertungsgesetz und Vermögenssteuergesetz, 12. Aufl. § 9 Rn. 4, 5.

Fristzwang erfolgenden Ersatzkauf niemals vorliegen, entfällt der nach dem „Zeitwert" berechnete „Wiederbeschaffungswert" auch aus diesem Grund.

Die allgemeinen Erfahrungen von Gebrauchtwagenkäufern tut der Bundesgerichtshof als „Vorteil der Käuferschaft" ab. Seine Bemerkung, ob der Geschädigte „diesen Betrag zum Ankauf eines Gebrauchtwagens" verwende, sei „seine Sache"[56], bedeutet, daß dem Geschädigten zugemutet wird, ohne Ersatzwagen auszukommen. Denn um einen „gleichartigen und gleichwertigen" Ersatzwagen zu kaufen braucht dieser — auch auf dem Gebrauchtwagenmarkt — soviel Geld, wie verlangt wird, im Regelfall außerdem Zeit. Beides wird ihm nach der Rechtsprechung des Bundesgerichtshofs in dem erforderlichen Umfang nicht gewährt.

VII. Verletzung der §§ 249 S. 1 BGB, 287 Abs. 1 S. 1 ZPO

Die verfehlte Auffassung des Bundesgerichtshofs und des ihm folgenden Oberlandesgerichts Nürnberg beruht darauf, daß es nach dem Bundesgerichtshof „darauf ankommt, einen Zustand herzustellen, der demjenigen wirtschaftlich entspricht, der ohne das schädigende Ereignis bestanden hätte"[57]. „Der Geschädigte" solle „einen wirtschaftlich gleichwertigen Ersatz erhalten, der den Sachwertverlust" ausgleiche[58]. — Diese Ausführungen des Bundesgerichtshofs laufen darauf hinaus, daß bei Zerstörung eines Personenkraftwagens dem Geschädigten jeder gebrauchte Personenkraftwagen, bei Zerstörung eines Lastkraftwagens jeder gebrauchte Lastkraftwagen als „wirtschaftlich gleichwertiger Ersatz" aufgenötigt werden kann, wenn er nur den gleichen „Marktpreis" hat. Das widerspricht dem Gesetz, nach dem der Schadensersatzpflichtige „verpflichtet" ist, den tatsächlichen „Zustand herzustellen, der bestehen würde, wenn der zum Ersatz verpflichtende Umstand nicht eingetreten wäre" (§ 249 S. 1 BGB). Der damit gesetzlich beschriebene Zustand ist zwar nicht identisch, sondern nur entsprechend herstellbar[59]. Es handelt sich dabei aber nur um eine sachliche Wertgleichheit, bei der jede Subjektivität ausgeschlossen ist. Die Herstellung ist streng an die tatsächlichen Gegebenheiten, insbesondere an die realen individuellen Bedingungs- und Begründungszusammenhänge gebunden. Der herzustellende Zustand muß dem der Unversehrtheit sachlich so nahe kom-

---

[56] BGH NJW 1966, 1455.
[57] BGH NJW 1966, 1455.
[58] BGH NJW 1978, 1373. Ähnlich z. B. OLG Stuttgart, NJW 1967, 253: „Anspruch auf vollen wirtschaftlichen Ersatz".
[59] Vgl. meine Ausführungen, SchR I, § 4 G II (187 ff.).

men, wie es technisch nur irgend erreichbar ist. In den Grenzen der gegebenen technischen Möglichkeiten darf für den Geschädigten kein nachteiliger Unterschied bestehen bleiben. Diese in der Wendung „Zustand, der bestehen würde" enthaltenen Merkmale, die auch den Umfang des Geldersatzes bestimmen, werden üblicherweise mit dem Wort Naturalrestitution ausgedrückt.

Mit den vom Bundesgerichtshof gebrauchten Ausdrücken „wirtschaftlich entspricht", „ähnliches bereits gebrauchtes Fahrzeug", „wirtschaftlich gleichwertiger Ersatz" und „den Sachverlust ausgleichend" werden diese gesetzlichen Erfordernisse aufgegeben. „Ausgleich" des „Sachverlusts" ist nicht Schadensersatz, sondern nur Wertersatz; „wirtschaftlich" ist nicht tatsächlich entsprechend, „ähnlich" nicht gleich. Mit dem Gebrauch dieser ähnlich klingenden Ausdrücke wird der Gesetzesinhalt verdrängt.

Der Verstoß gegen § 249 S. 1 BGB und gegen die begrifflichen Merkmale eines jeden Schadensersatzes kann nicht damit gerechtfertigt werden, daß nach § 287 Abs. 1 S. 1 ZPO „das Gericht unter Würdigung aller Umstände nach freier Überzeugung" darüber „entscheidet", „ob ein Schaden entstanden" ist „und wie hoch sich der Schaden oder ein zu ersetzendes Interesse" belaufen. Diese Bestimmung bedeutet, daß das Gericht im Gegensatz zu historischen Regelungen nicht an feste Beweisregeln gebunden ist. Sie bedeutet entgegen einer fehlerhaften Auffassung nicht, daß das Gericht ohne strenge Gebundenheit an die Tatsachen und die Regeln der allgemeinen Erfahrung, einschließlich der Naturgesetze und der Gesetze der Logik, eine „freie Schadensregelung"[60] vornehmen und sich dadurch der Mühen einer sorgfältigen Beweiserhebung und objektiv begründeten Beweiswürdigung entheben darf. § 287 ZPO ändert als rein beweisrechtliche Bestimmung nichts an der sachlichrechtlichen Lage, daß der Schädiger vollen Schadensersatz schuldet und diese Rechtspflicht den in § 249 S. 1 BGB bestimmten Inhalt hat. Diesen hat das Gericht in jedem einzelnen Fall zu erkennen. Es kann nicht gemäß § 287 ZPO über den Schadensersatzanspruch des Geschädigten verfügen.

---

[60] Die von Rosenberg / Schwab (Zivilprozeßrecht, 12. Aufl., München 1977, § 115, II [620]) vertretene Ansicht, „nach § 287 I 1" sei „das Gericht zu einer freien Schadensregelung befugt", widerspricht dem Gesetz und ist dogmatisch nicht haltbar. Der Schaden wird vom Gericht erkannt, nicht „geregelt". Die Wendung „freie Schadensregelung" enthält, daß der Richter über den Schadensersatz und damit über die Rechte des Geschädigten frei verfügen könne. Das meinen Rosenberg / Schwab zwar offensichtlich nicht. Sie fügen hinzu (§ 115, I [619]), „freies Ermessen" bedeute „freilich nicht Willkür", verkennen dabei aber, daß „freies Ermessen" unvermeidlich willkürlich ist. Wendungen wie „freie Schadensregelung" werden in der Praxis wörtlich genommen und sind daher überaus gefährlich. Vgl. unten bei Fn. 164.

Sind in einem Prozeß unter Beweisantritt Tatsachen behauptet, aus denen sich ein zu ersetzender Nachteil des Geschädigten ergibt, muß Beweis erhoben und müssen bewiesene Tatsachen berücksichtigt werden. Insoweit scheidet jede Schätzung aus. Soweit die erkannten Tatsachen keinen genauen Schluß zulassen, ist die dann unvermeidliche Schätzung nicht frei, sondern an die Tatsachen gebunden und nur in den sich aus diesen ergebenden Grenzen statthaft. Allein darin kann die vom Bundesgerichtshof[61] insoweit zu Recht geforderte „richtige Schätzungsmethode" bestehen. Tatsachenfremde Spekulationen sind auch dann nicht zulässig, wenn sie als „methodisch" dargestellt, z. B. auf fiktive Zahlenreihen gestützt, und in scheinhafte „Berechnungen" gekleidet werden.

Das Gesagte gilt entsprechend für die Entscheidung darüber, „ob und wieweit eine beantragte Beweisaufnahme oder die Begutachtung durch Sachverständige anzuordnen" sei (§ 287 Abs. 1 S. 2 ZPO). Daß diese Entscheidung „dem Ermessen des Gerichts überlassen" ist, bedeutet, daß dieses im Gegensatz zum sonstigen Beweisrecht an die Beweisanträge nicht gebunden ist. Es bedeutet nicht, daß das Gericht berechtigt ist, durch Übergehen der Beweisanträge die allein maßgeblichen individuellen Tatsachen, deren zu einer objektiven Erkenntnis auch ein Sachverständiger bedarf, ungeklärt zu lassen und die Sachentscheidung über den Schadensersatz der Entscheidung eines Sachverständigen zuzuweisen. Das Urteil ist vom erkennenden Gericht, nicht von einem Sachverständigen zu verantworten.

Das gilt umso mehr, als zwischen Versicherungsgesellschaften und Sachverständigen regelmäßig Geschäftsbeziehungen bestehen. Daß ein Sachverständiger sich in einer Streitfrage nicht gern zu Ungunsten einer Versicherungsgesellschaft äußern wird, von der er Aufträge erwarten kann, ist naheliegend.

Die vorstehenden Ausführungen zum Schadensbeweis gelten uneingeschränkt auch für die Ermittlung des gemeinen Werts und damit des „Zeitwerts" eines zerstörten Kraftfahrzeugs, soweit es nach der Auffassung des Gerichts darauf ankommt. Auch beim gemeinen Wert kann es sich nur darum handeln, unter Berücksichtigung sämtlicher Tatsachen, die als Indizien in Frage kommen, einschließlich der kaufmännischen Erfahrungen, den mutmaßlichen individuellen Verkaufspreis des tatsächlich existierenden, wenn auch total beschädigten Unfallfahrzeugs auf dem tatsächlich existierenden Markt am Ort des Geschädigten im Zeitpunkt des Unfalls zu erkennen. Alles andere ist gegenstandslose Spekulation und Willkür. Die Rechtsprechung des

---

[61] BGH NJW 1978, 1373.

Bundesgerichtshofs zum „Wiederbeschaffungspreis" eines gebrauchten Kraftfahrzeugs ist nach allem auch beweisrechtlich unhaltbar.

Die Gegenauffassung läuft darauf hinaus, die Wendung „unter Würdigung aller Umstände" in § 287 Abs. 1 S. 1 ZPO statt auf den Beweis und die beweismäßige Würdigung der Tatsachen, aus denen sich der Schaden ergibt, auf diesen selbst und damit auf das sachliche Schadensersatzrecht zu beziehen. Auf Grund der danach willkürlich behauptbaren „Umstände" entscheidet das Gericht bzw. der Sachverständige ohne Gebundenheit an den mehr oder weniger ungeklärt bleibenden tatsächlichen Schaden nach Gutdünken über den streitigen Schadensersatzanspruch.

Das geschieht, wenn der Bundesgerichtshof[62] in einem von ihm beurteilten Fall das Vorliegen von „Umständen" verneint, „die es rechtfertigen könnte, von den im Verkehr anerkannten Bewertungsmaßstäben abzugehen", und damit, wie die Erwähnung des nach ihm „im Handel anerkannten merkantilen Minderwerts" und des Erwerbs „von einem seriösen Gebrauchtwagenhändler" erkennen lassen, „Bewertungsmaßstäbe" im Gebrauchtwagenhandel meint. Es kommt hier nicht darauf an, daß diese vermeintlichen „Bewertungsmaßstäbe" nicht existieren und, wenn es sie gäbe, keine rechtliche Bedeutung hätten. Unverständlich ist, daß der Bundesgerichtshof keine Bedenken trägt, diese vermeintlichen „Bewertungsmaßstäbe" von Händlern auf Geschädigte anzuwenden, die weder Händler sind noch ihren Kraftwagen verkaufen, sondern mit diesem *fahren* wollten. Was gehen einen Geschädigten und damit ein über dessen Schadensersatzanspruch urteilendes Gericht die vermeintlichen „Bewertungsmaßstäbe" von Gebrauchtwagenhändlern an? Mit welcher rechtlichen Begründung sollen die Geschädigten diese zu ihrem Nachteil gegen sich gelten lassen müssen?

VIII. Fehlerhafte Rückwirkung auf den Schadensersatzbegriff

Die Folgen der gesetzwidrigen und marktfremden „Wert"-Konstruktionen des Bundesgerichtshofs zeigen sich mit besonderer Deutlichkeit in einem in anderem Zusammenhang ergangenen Urteil des Bundesgerichtshofs, in dem dieser[63] den Ersatz des „besonderen Werts eines kulturell wertvollen historischen Gebäudes" ablehnt. „Im Rahmen des Schadensersatzrechts" kann nach dem Bundesgerichtshof „grundsätzlich nur Ersatz des Vermögensschadens verlangt" werden. „Die Bedeutung und Eigenart eines kulturell wertvollen historischen Gebäudes"

---

[62] BGH NJW 1966, 1456.
[63] BGH VersR 1963, 1186.

VIII. Fehlerhafte Rückwirkung auf den Schadensersatzbegriff

habe nicht „in seiner materiellen Bewertung" „ihren Niederschlag gefunden".

Der vom Bundesgerichtshof aufgestellte Satz, „im Rahmen des Schadensersatzrechts" könne „nur Ersatz des Vermögensschadens verlangt werden", ist falsch. Nach den §§ 249 ff. ist für jeden Schaden des Geschädigten Ersatz zu leisten. Lediglich bezüglich der Art der Ersatzleistung ist in § 253 eine Einschränkung dahingehend bestimmt, daß „wegen eines Schadens, der nicht Vermögensschaden ist", „Entschädigung in Geld nur in den durch das Gesetz bestimmten Fällen gefordert werden" kann.

Der Bundesgerichtshof dürfte sagen wollen, ein Vermögensschaden liege deshalb nicht vor, weil der „kulturelle Wert" des „historischen Gebäudes" kein „Marktwert" sei. Das widerspricht nicht nur dem Gesetz, sondern ist „bei dem allgemeinen Marktwert von Antiquitäten wirklichkeitsfremd"[64]. Es bestätigt die Verfehltheit der Einstellung des Bundesgerichtshofs, über den „Markt" zu bestimmen, anstatt diesen zu erkennen.

Verfehlt wäre es auch, wenn der Bundesgerichtshof mit seinen zitierten Sätzen meinte, der „besondere Wert eines kulturell wertvollen historischen Gebäudes" sei ein Affektionsinteresse. Affektionsinteresse ist der Wert, den ein Gegenstand aufgrund einer besonderen Neigung des Inhabers zu ihm hat. Zwar ist auch die Beeinträchtigung eines solchen Werts ein realer Schaden, der Schadensersatz in Geld ist jedoch nach § 253 ausgeschlossen, wenn man mit dem Bundesgerichtshof davon ausgeht, daß diese Bestimmung gemäß der Rechtsprechung zum „allgemeinen Persönlichkeitsrecht" durch Art. 1 und 2 GG nur eingeschränkt, nicht aber aufgehoben ist[65].

Bei Zugrundelegung der Rechtsprechung des Bundesgerichtshofs zum „Zeitwert" eines zerstörten Gebrauchtwagens ergibt sich im vorliegenden Zusammenhang folgendes: Da das Affektionsinteresse allein für einen bestimmten Menschen besteht, wird es „im gewöhnlichen Geschäftsverkehr" von einem Käufer nicht bezahlt und ist demgemäß bei der Bestimmung des Marktpreises nicht zu berücksichtigen. Ein völlig anderer Sachverhalt liegt vor, wenn eine Sache wegen ihrer Güte, Seltenheit oder aus einem beliebigen anderen Grund von individuell nicht bestimmten Menschen in hohem Grad begehrt wird und deshalb hohe Preise, sog. „Liebhaberpreise" erzielt. Ein Preis, der von individuell nicht bestimmten Interessenten für eine Sache tatsächlich gezahlt

---

[64] So zutreffend Wussow, Das Unfallhaftpflichtrecht, 12. Aufl., 1975, Rn. 1204.

[65] Vgl. meine Ausführungen, SchR I, § 4 G II d 2 cc ccc (191 ff.).

wird, ist deren Marktpreis und damit ihr „Zeitwert". Die die Höhe des gezahlten Preises bedingenden Käufermotive haben für den Marktwert keinerlei Bedeutung. „Der sogenannte Liebhaberwert" „ist in Wahrheit" „der Handelswert". „Sogenannte Luxusgegenstände sind keineswegs zum reinen Affektionsinteresse zuzurechnen"[66]. In der „Feststellung des Gebrauchsinteresses" liegt nicht „die Anerkennung eines Affektionsinteresses"[67]. Das gilt auch für manche Arten von alten Automobilen.

Das Landgericht Berlin[68] führt hierzu zutreffend aus:

„Unrichtig ist aber, daß der Wert, den diese Fahrzeuge ihres Typs und Alters wegen haben, ein im Schadensfalle nicht erstattungsfähiges Affektionsinteresse (§ 253 BGB) sein soll. Jedes Liebhaberinteresse an einer Sache wird sofort zum geldwerten Vermögensbestandteil, wenn ein Personenkreis, ein Publikum vorhanden ist, dem die Sache ‚zum Liebhaberpreis' angeboten werden kann, und wenn es kauflustige ernsthafte Interessenten gibt, die zum entsprechenden Preis auch kaufen. Das Liebhaberstück hat dann einen Marktwert. Das gilt auch für alte Automobile nicht anders als für alte Teppiche, alte Bilder oder Briefmarken."

IX. Fehlerhaftigkeit der grundsätzlich ablehnenden Rechtsprechung zum Ersatz des Gebrauchswerts

Nach dem Bundesgerichtshof[69] kann es „durchaus Schadensfälle geben", „in denen der Sachschaden nur unter Einschätzung eines vom Zeitwert abweichenden Gebrauchswerts sachgemäß bemessen werden kann. Zu denken" sei „insbesondere an teuere Wagen, die nach ganz geringer Fahrleistung total beschädigt werden, ferner an alte Wagen mit großer Fahrleistung, deren Marktwert praktisch mit null anzusetzen" sei. Das Oberlandesgericht Karlsruhe[70] hat es bei einem Totalschaden eines „fast neuwertigen" Fahrzeugs als „angemessen" bezeichnet, „bei der Berechnung der Schadenshöhe den Gebrauchswert zugrunde zu legen und diesen mit dem Kaufpreis für einen Neuwagen abzüglich der durch die bisherige Benutzung eingetretenen Wertminderung in Höhe von 1 % pro gefahrene 1000 Kilometer anzusetzen". Das Kammergericht[71] geht bei der Anwendung des gleichen Zahlenschlüssels davon aus, daß „entsprechend den Grundsätzen, die bei dem Abzug

---
[66] Staudinger / Werner, 10./11. Aufl., § 253 Rn. 2, 3.
[67] Hohenester, NJW 1967, 252. Vgl. dazu meine Ausführungen, SchR I, § 4 Fn. 112/114 und Palandt / Heinrichs, 42. Aufl., Vorbem. v. § 249 Anm. 2 e.
[68] LG Berlin, VersR 1969, 431.
[69] BGH NJW 1966, 1455 f.
[70] OLG Karlsruhe, VersR 1973, 472.
[71] KG NJW 1972, 769.

IX. Fehler zum Ersatz des Gebrauchswerts

‚Neu für Alt' im Falle einer Wertverbesserung gelten", „der Kläger von dem Beklagten im Grundsatz die für die Anschaffung eines Neuwagens erforderlichen Kosten verlangen kann, weil das Fahrzeug zur Zeit des Unfalls ... noch neuwertig war".

Hierzu ist vorab zu bemerken, daß die mit dem Ausdruck „Gebrauchswert" gemeinten Vorteile, die sich aus der Möglichkeit ergeben, die Sache zu gebrauchen und über ihren Gebrauch durch andere zu entscheiden (Gebrauchsvorteile) begrifflich kein Wert sind, weil zu einem solchen ein bestimmter entschließungsfähiger Mensch gehört[72]. Der Gebrauch des sprachüblichen Ausdrucks „Gebrauchswert" läßt sich zwar nicht gänzlich vermeiden. Es ist aber zu betonen, daß dieser Sprachgebrauch mit den falschen metaphysischen Idealwerten und willkürlichen „Wertungen" im Sinn der „Wertungsjurisprudenz" nichts zu tun hat.

Die zitierte Entscheidung des Bundesgerichtshofs, der die Oberlandesgerichte folgen, bestätigen die Verfehltheit des behaupteten „Wiederbeschaffungswerts". Wenn eine „Schätzungsmethode", die eingestandenermaßen bei „teuren Wagen", „nach ganz geringer Fahrleistung" und „alten Wagen mit großer Fahrleistung" nicht stimmt, ist sie bei allen anderen Fahrzeugen notwendig ebenfalls falsch.

Nach dem Oberlandesgericht Karlsruhe[73] „ist" „bei der Bemessung des Schadensersatzes in der Regel vom Wiederbeschaffungspreis auszugehen. Fehlt ein entsprechender Markt", „ist der individuelle Gebrauchswert zu ermitteln". Es ist nach diesem Gericht also möglich, den „Gebrauchswert" und damit den Schaden „individuell" „zu ermitteln". Da das die allein objektive und gesetzmäßige Methode der Schadenserkenntnis ist, läßt sich weder begreifen noch begründen, warum es „in der Regel" anders sein soll.

Im einzelnen ist folgendes zu bemerken:

Die vom Bundesgerichtshof[74] behauptete Begrenzung der Anwendbarkeit des „Wiederbeschaffungswerts" ist rechtlich so wenig haltbar wie die dem Bürgerlichen Gesetzbuch widersprechende gesetzesähnliche Anwendung dieser „Wert"bestimmung selbst[75]. Der Gebrauch der Ausdrücke „sachgemäß bemessen" und „erscheint angemessen" durch

---

[72] Vgl. oben Fn. 10.
[73] OLG Karlsruhe, VersR 1979, 777.
[74] BGH NJW 1966, 1455 f.
[75] Zur Gesetz- und Verfassungswidrigkeit des sog. „Richterrechts", bei dem die Gerichte unter Verletzung ihrer Gebundenheit an Gesetz und Recht nach Art. 20 Abs. 3 GG als „Ersatzgesetzgeber" allgemeine Regeln erlassen zu dürfen meinen, vgl. meine Ausführungen, Das Recht zur Aussperrung, 1981, S. 101 ff.

den Bundesgerichtshof beweist das Fehlen einer rechtlichen Begründung. Dasselbe gilt für die Äußerung des Oberlandesgerichts Frankfurt am Main[76], „der Senat" stimme „mit dem Sachverständigen darin überein", „daß ein solcher Abzug allgemein üblich und auch berechtigt" sei. Worauf sich die Behauptung „allgemein üblich und berechtigt" stützt, ist nicht ersichtlich. In der Urteilsanmerkung von Maase[77], auf die sich das Gericht beruft, steht darüber nichts. Nach Maase handelt es sich um eine „bevorzugte Abrechnungsform", die das Oberlandesgericht Hamm „zu großzügig" angewandt habe. Eine Erkenntnismethode, durch die eine Gruppe von Geschädigten „bevorzugt" wird und die das Gericht mehr oder weniger „großzügig" — also willkürlich — anwenden kann, ist untauglich.

In dem vom Kammergericht[78] entschiedenen Fall war „das Fahrzeug des Klägers" nach dem Gericht „zwar neuwertig, aber eben doch schon etwa einen Monat in Betrieb", hatte also mit einer Fahrleistung von 969 km „nicht mehr denselben Wert wie ein Neuwagen" gehabt, was einen „Abschlag" rechtfertige. Das Fahrzeug wäre demnach zugleich „neuwertig" und nicht „neuwertig" gewesen. Nach dem Oberlandesgericht Hamm[79] ist ein Fahrzeug bis zu einer Fahrleistung von 2000 km „neuwertig". Tatsächlich verhält es sich so, daß bei 969 gefahrenen Kilometern der Marktpreis — auf den es nicht ankommt — um 10 % und mehr sinkt, während der Nutzungswert praktisch derselbe bleibt. Das Merkmal „Neuwert" läßt sich hiernach nicht halten.

Das gilt auch für den Zahlenschlüssel einer Wertminderung von 1 % pro gefahrene 1000 km. Die Methode, den Gebrauchswert eines Kraftfahrzeugs zu erkennen, muß für Kraftfahrzeuge jeder Art die gleiche sein. Ob es sich um „teuere Wagen" oder um „alte Wagen", „um Fahrzeuge mit ganz geringer" oder „mit großer Fahrleistung" handelt, ist dabei ohne Bedeutung. Die Methode, den Gebrauchswert von Kraftfahrzeugen zu erkennen, kann nicht mehrere, einander widersprechende Merkmale, sondern muß für alle Fahrzeuge dasselbe Merkmal enthalten. Andernfalls wäre die Methode nicht die gleiche und wären die betreffenden Fahrzeuge durch sie nicht miteinander vergleichbar. Die Beschränkung der Anwendbarkeit des Zahlenschlüssels auf „fast neuwertige" Wagen ist nach allem unhaltbar.

Läßt man diese Beschränkung fallen, führt die Anwendung des Zahlenschlüssels auf alle Gebrauchtkraftwagen zu der in der „Liste" von

---

[76] OLG Frankfurt a. M., VersR 1973, 472.
[77] Maase, NJW 1968, 2111.
[78] KG NJW 1972, 769.
[79] OLG Hamm, NJW 1968, 993.

Betzel, Danner, Georgi und Langhammer der Sache nach gezogenen abwegigen Konsequenz, daß jeder Personenkraftwagen gleich welchen Fabrikats und Typs nach einer erbrachten Fahrleistung von 100 000 km den „Wert" null hat.

Die Verfehltheit der widersprüchlichen Methoden der Ermittlung des „Wiederbeschaffungswerts" einerseits durch einen Zuschlag zum „Zeitwert", andererseits durch Anwendung des Zahlenschlüssels 1 % pro 1000 gefahrene Kilometer zeigt sich darin, daß ihre Anwendung zu völlig verschiedenen Ergebnissen führt. Daß der Zahlenschlüssel 1 % pro gefahrene 1000 km auch als Methode der Ermittlung des Gebrauchswerts alter Fahrzeuge falsch ist, ergibt sich daraus, daß Personenkraftwagen mancher Fabrikate und Typen bis zu 200 000 km und nach einer Generalüberholung mit Austauschmotor weitere 150 000 km fahrtüchtig bleiben.

Das Gesamtergebnis der Rechtsprechung des Bundesgerichtshofs zur „Wertermittlung" beim Schadensersatz wegen Zerstörung eines Kraftfahrzeugs ist ein Methodenchaos, das es einem Gericht ermöglicht, nach seinem Belieben einem Geschädigten den gesetzlich begründeten Schadensersatz zu versagen.

X. Die Einbuße an Gebrauchsvorteilen ist ein realer Schaden

Die dargelegten Fehler in der Rechtsprechung des Bundesgerichtshofs und der dieser folgenden Gerichte dürfen nicht darüber täuschen, daß der Verlust der im Zeitpunkt der Zerstörung des Fahrzeugs noch nicht ausgeschöpften Fahrleistung ein objektiv erkennbarer Schaden ist und daß die Methode, den Umfang des durch den Totalverlust erlittenen Schadens zu erkennen, nur in der Ermittlung der dem Eigentümer damit entgangenen Gebrauchsvorteile bestehen kann.

Zwar handelt es sich bei der Zerstörung des Fahrzeugs und dem Verlust der Gebrauchsvorteile um verschiedene Schäden, wie sich darin zeigt, daß mit der Zerstörung des Fahrzeugs die Veräußerungsmöglichkeit entfällt. Die Sachzerstörung ist ein unmittelbarer Schaden (Erstschaden), der Verlust der Gebrauchsvorteile ein mittelbarer Schaden (Folgeschaden). Der Folgeschaden kann aber in manchen Fällen für die Methode der Schadenserkenntnis vollständig oder teilweise an die Stelle des Erstschadens treten. So treten, wenn für eine zerstörte neue Sache eine gleichartige andere angeschafft wird, die für deren Anschaffung aufgewandten Kosten an die Stelle des Erstschadens. Für die durch die Zerstörung einer gebrauchten Sache dem Eigentümer entgehenden Gebrauchsvorteile gilt das Gleiche. Hätte der Eigentümer die Sache nicht veräußern, sondern bis zu ihrer vollständigen Abnutzung behalten wollen, fällt sein individueller Schaden insoweit mit den entgangenen Gebrauchsvorteilen zusammen und trifft die Ermittelung des Veräußerungspreises im Zeitpunkt der Zerstörung den ihm entstandenen Schaden nicht.

Die entgangenen Gebrauchsvorteile lassen sich an Hand der individuellen und typenmäßigen Gegebenheiten des zerstörten Fahrzeugs verhältnismäßig genau bestimmen. Der darin liegende Verlust des Geschädigten hängt von dem Grad ab, in dem das zerstörte Fahrzeug durch Gebrauch abgenutzt war. Der Ersatz in Geld kann danach nur durch einen dem Grad der Abnutzung entsprechenden Abzug vom Preis eines fabrikneuen gleichartigen Kraftfahrzeugs im Zeitpunkt der Zerstörung ermittelt werden. Eine andere Methode, den im Verlust des Gebrauchswerts eines zerstörten Kraftfahrzeugs liegenden Schaden zu erkennen, gibt es nicht.

Der Gebrauchswert einer Sache umfaßt sämtliche während der mutmaßlichen Dauer der Gebrauchsfähigkeit regelmäßig möglichen Gebrauchsvorteile. Dieser Wert mindert sich während des Gebrauchs entsprechend der damit verbundenen Minderung der Dauer der Gebrauchsfähigkeit.

Der Gebrauchswert eines Kraftfahrzeugs besteht darin, daß mittels seiner der Fahrer sich selbst, andere Personen und Sachen fortbewegen kann. Zwischen einem alten, einem neuen und einem Fahrzeug mittleren Alters besteht darin kein allgemeiner Unterschied. Wenn der Bundesgerichtshof einem Geschädigten den Ersatz dieses Gebrauchswerts teilweise abspricht, liegt darin eine rechtswidrige enteignungsgleiche Rechtsentziehung[80]. Die rechtlich verfehlte Berufung auf behauptete Händlerwerte kann daran nichts ändern.

Daß dem Geschädigten für die mutmaßliche Dauer der Gebrauchsfähigkeit seines zerstörten Fahrzeugs dessen Gebrauchsvorteile entgangen sind und darin ein in dem tatbestandsmäßigen schädigenden Ereignis begründeter Schaden liegt, kann nicht bezweifelt werden. Ebensowenig ist bezweifelbar, daß durch Anschaffung eines neuen Kraftwagens der gleichen Art, also desselben Fabrikats und Typs, dieser Schaden beseitigt wird. Da das ersatzweise angeschaffte Neufahrzeug nach seiner individuellen Beschaffenheit länger gebrauchsfähig bleibt als das im Zeitpunkt des Schadenseintritts bereits teilweise abgenutzte Schadensfahrzeug, ist der Schaden und diesem entsprechend

---

[80] Zu enteignungsgleiche Rechtsentziehung vgl. meine Ausführungen, Lehrbuch des Schuldrechts, Bd. 2, 1978 (zit.: SchR II), § 20 (644 ff.).

X. Einbuße an Gebrauchsvorteilen ist realer Schaden

der Schadensersatz auf die mutmaßliche Dauer der Gebrauchsfähigkeit des Schadensfahrzeugs nach seiner individuellen Beschaffenheit begrenzt. Über die mutmaßliche Dauer der Gebrauchsfähigkeit ist erforderlichenfalls ein Gutachten eines technischen Sachverständigen einzuholen.

Nach dem Bundesgerichtshof[81] „fehlt es an jeder Unterlage, um einen vom Marktwert abweichenden individuellen Gebrauchswert des beschädigten Wagens ziffernmäßig schätzen zu können". Diese Bemerkung kann sich nicht auf den beurteilten Fall allein beziehen, sonst hätte der Bundesgerichtshof die Sache zur Feststellung der mutmaßlichen Gebrauchsfähigkeit des Schadensfahrzeugs an das Berufungsgericht zurückverweisen müssen. Ihr widerspricht, daß nach dem Bundesgerichtshof bei „teueren Wagen" „nach ganz geringer Fahrleistung" und „alten Wagen mit großer Fahrleistung" „der Sachschaden nur unter Einschätzung eines vom Zeitwert abweichenden Gebrauchswerts sachgemäß bemessen werden kann". Es muß danach Methoden geben, um den Schaden *ohne* Zugrundelegung des „Zeitwerts" zu ermitteln. Das folgt auch daraus, daß andernfalls ein Ersatz der entgangenen Gebrauchsvorteile durch Zurverfügungstellen eines Mietfahrzeugs nicht möglich wäre.

Daß auf Grund des Fabrikats, des Typs und der individuellen Beschaffenheit eines bestimmten Kraftfahrzeugs die mutmaßliche Dauer seiner Gebrauchsfähigkeit ermittelt werden kann, entspricht der allgemeinen Übung und ist nicht zu bezweifeln. Dasselbe gilt für den Preis eines gleichartigen neuen Fahrzeugs. Warum es bei diesen Gegebenheiten „an jeder Unterlage" fehlen soll, um den „individuellen Gebrauchswert ziffernmäßig schätzen zu können", ist nicht verständlich.

„Individuell" ist bei einer solchen Wertermittlung allein die von der Beschaffenheit des individuellen Fahrzeugs abhängende mutmaßliche Dauer seiner Gebrauchsfähigkeit. Das Merkmal „individuell" bezieht sich also auf das individuelle Fahrzeug, von dem der zu ermittelnde individuelle Schaden notwendig abhängt, und nicht etwa auf die Person des Geschädigten. Der Verlust des individuellen Gebrauchswerts ist ein Schaden, der genau gleich auch bei jedem anderen Geschädigten eingetreten wäre. Auf die Person des Geschädigten kommt es dabei also nicht an.

Es ist hiernach verfehlt, wenn das Oberlandesgericht Karlsruhe[82] von einem „subjektiven Gebrauchswert" spricht und der Bundesge-

---
[81] NJW 1966, 1456.
[82] OLG Karlsruhe, VersR 1973, 472.

richtshof[83] offenbar dasselbe meint, wenn er ausführt, „maßgeblich" sei „nicht, wie gerade der Kläger den Wert seines alten und den Wert seines Ersatzfahrzeugs" ansetze, „sondern ob eine Schätzung unter objektiven Wertmaßstäben zur Feststellung einer wirtschaftlichen Gleichwertigkeit" führe. Objektiv ist ausschließlich gegenstandsbedingt. Subjektiv (ichhaft) wären in der Individualität des Geschädigten begründete Vorteile, die z. B. darin bestehen können, daß der Geschädigte an den Gebrauch gerade des zerstörten Fahrzeugs gewöhnt war. Solche Vorteile haben nichts mit den Gebrauchsvorteilen der Sache selber zu tun, die für jeden eines solchen Gebrauchs fähigen Menschen die gleichen sind, liegen also außerhalb des Gebrauchswerts. Der Versuch des Bundesgerichtshofs, den Verlust des Gebrauchswerts als subjektiv hinzustellen und ihn damit der nicht ersatzfähigen Beeinträchtigung eines bloßen Affektionsinteresses gleichzusetzen, widerspricht den tatsächlichen und rechtlichen Gegebenheiten.

Gibt man die methodisch und sachlich verfehlte, rechtlich unhaltbare Beschränkung auf „teuere Wagen" mit „ganz geringer Fahrleistung" und „alte Wagen mit großer Fahrleistung" auf, ist die Methode, den Totalschaden eines Kraftfahrzeugs nach dem Gebrauchswert zu bestimmen und diesen durch einen der längeren Dauer der Gebrauchsfähigkeit des neuen Fahrzeugs entsprechenden Abzug vom Neupreis eines gleichartigen Fahrzeugs zu berechnen, zutreffend. Bei Anwendung dieser Methode besteht die Gewähr, daß der Schaden genau bestimmt und voll ausgeglichen wird. Der Geschädigte erlangt ein Fahrzeug mit gleicher Motorstärke, gleichen Fahreigenschaften, gleicher Sicherheit, gleichem Komfort, gleicher geschmacklicher Ausführung, relativ gleicher Reparaturanfälligkeit und relativ gleicher Dauer der Gebrauchsfähigkeit wie das zerstörte. Für falsche Marktbezüge, Händlerwerte, Gebrauchtwagenpreislisten, gegenstandslose Scheinberechnungen und falsche Verrechtlichung technischer, wirtschaftlicher und käuferpsychologischer Tatsachen durch die Rechtsprechung wäre danach kein Raum mehr. Der mit der bisherigen Rechtsprechung verbundene fehlerhafte und überflüssige Aufwand würde vermieden. Die Prozesse würden einfacher, übersichtlicher und in ihren Ergebnissen bezüglich der Höhe des Geldersatzes objektiv leichter vorherbestimmbar. Dem Sachverständigenunwesen wäre auf einem wichtigen Gebiet abgeholfen. Die Gerichte würden entlastet, die außergerichtliche Abwicklung erleichtert und verbessert. Es würden erhebliche Kosten gespart. Die Zahl der Schadensersatzprozesse würde zurückgehen. Gesetz und Verfassung würden gewahrt.

---

[83] BGH NJW 1966, 1455.

XI. Kein Abzug „neu für alt"

Das Kammergericht[84] beruft sich für den von ihm vorgenommenen „Abzug von einem Prozent je 1000 km" vom „Wert (Kaufpreis) des neuen Fahrzeugs" auf die „Grundsätze, die bei dem Abzug Neu für Alt im Falle einer Wertverbesserung gelten". Nach dem Kammergericht müssen „die Wertminderung durch die Benutzung und die Wertsteigerung durch die Neuanschaffung" „berücksichtigt werden". Das Gericht bezieht sich damit auf den „Gesichtspunkt der Vorteilsausgleichung", den der Bundesgerichtshof[85] z. B. seinem bereits erwähnten Urteil über den Abzug „neu für alt" beim Schadensersatz wegen Zerstörung eines „kulturell wertvollen alten Gebäudes" zugrunde gelegt hat.

Die Ausführungen des Kammergerichts scheitern daran, daß sie sich der Sache nach auf den Ersatz des Gebrauchswerts beziehen, bei diesem aber für das mit dem „Abzug neu für alt" Gemeinte dem Ansatz nach kein Raum ist. Zutreffend ist zwar, daß bei der Ermittlung der dem Geschädigten durch die Zerstörung seines Fahrzeugs entgangenen Gebrauchsvorteile die von ihm bis zu diesem Zeitpunkt bereits gezogenen Gebrauchsvorteile von der Gesamtmenge der Gebrauchsvorteile abzuziehen sind, die er aus diesem Fahrzeug insgesamt hätte ziehen können. Dem entspricht es, wenn „das Fahrzeug zur Zeit des Unfalls etwa einen Monat nach der Erstzulassung" 969 km gefahren war, habe der Geschädigte „nicht mehr mit der Lebensdauer eines fabrikneuen Fahrzeuges rechnen" können[86], deshalb sei von den „für die Anschaffung eines Neuwagens erforderlichen Kosten" ein „Abschlag" zu machen. Dieser den gezogenen Gebrauchsvorteilen entsprechende Abschlag hat aber nichts mit dem Abzug „neu für alt" zu tun. Das mit diesem Ausdruck Gemeinte kann sich nur auf den Substanzwert einer Sache, nicht auf ihren Gebrauchswert beziehen. Für dessen Erkenntnis kommt es *allein* auf die Menge der Gebrauchsvorteile an. Der mit der Menge der entgangenen Gebrauchsvorteile abschließend bestimmte Sachschaden kann durch den Erwerb eines anderen Fahrzeugs, sei es ein neues oder ein gebrauchtes, nicht mehr beeinflußt werden. Das Kammergericht vermengt den Gebrauchswert mit dem Substanzwert. Da dieser im Sinn der Entscheidungen des Bundesgerichtshofs mit dem „Wiederbeschaffungswert" zusammenfällt, vermengt es Gebrauchswert und „Wiederbeschaffungswert". Daß es diese Ausdrücke nicht benutzt, kann daran nichts ändern.

---

[84] KG NJW 1972, 769 m. w. N.
[85] BGH VersR 1963, 1186; ebenso OLG Stuttgart, VersR 1976, 766 m. w. N. Vgl. auch § 13 Abs. 5 AKB.
[86] KG NJW 1972, 769.

XI. Kein Abzug „neu für alt"

Da die vom Bundesgerichtshof für den Ersatz des „Wiederbeschaffungswerts" aufgestellten Grundsätze ungeachtet ihrer Fehlerhaftigkeit im wesentlichen erschöpfend sind, kommt ein Abzug „neu für alt" auch beim Ersatz des „Wiederbeschaffungswerts" und somit bei Totalschäden an Kraftfahrzeugen niemals in Frage.

Die vom Kammergericht vertretene Ansicht, daß bei der Ermittlung des Gebrauchswerts eines zerstörten Kraftfahrzeugs unter dem „Gesichtspunkt der Vorteilsausgleichung" „die Wertminderung durch die Benutzung und die Wertsteigerung durch die Neuanschaffung" „berücksichtigt werden" müssen, beruht auf dem Denkfehler, das zerstörte Fahrzeug als mit dem als Ersatz angeschafften neuen Fahrzeug identisch zu setzen. Denn nur unter dieser Voraussetzung kann bei der Ermittlung des Nutzungsschadens von einer „Wertminderung" und einer diese ausgleichende „Wertsteigerung" oder „Wertverbesserung" gesprochen werden. Die dazu notwendig erforderliche Identität des Gegenstands liegt aber nicht vor. Die Zerstörung eines Kraftfahrzeugs bewirkt keine „Wertminderung", sondern die Vernichtung seines Werts einschließlich des Nutzungswerts. Die „Neuanschaffung" eines Kraftfahrzeugs bewirkt keine „Wertverbesserung" und keine „Wertsteigerung", sondern läßt den Wert des neu angeschafften Fahrzeugs einschließlich seines Nutzungswerts unverändert. Da die vom Kammergericht der Sache und der Formulierung nach angenommene Identität des Schadensfahrzeugs und des Ersatzfahrzeugs nicht besteht, sind seine zitierten Ausführungen verfehlt.

Diese Ausführungen haben nur einen Sinn, wenn sie auf ein sich mit dem Schaden „minderndes", mit der „Neuanschaffung" „verbesserndes" und im „Wert" „steigendes" Gesamtvermögen bezogen werden, wie dies der idealistischen Lehre vom „Vermögensganzen"[87] und vom „Vermögensschaden" als „Gesamtvermögensdifferenz"[88] geschieht. Dasselbe gilt, wenn der Bundesgerichtshof einen „durch Verwandlung von alt in neu erlangten Vorteil"[89] und einen „Wertzuwachs" annimmt[90].

Nach dem Bundesgerichtshof[91] „gilt für beide Alternativen des § 249 BGB" „gleichermaßen, daß die Herstellung des früheren Zustandes die Versetzung des an seinem Vermögen Beschädigten in die gleiche wirt-

---

[87] Vgl. Larenz, VersR 1963, 5: „Vermögen als Ganzes".
[88] Vgl. meine Ausführungen, SchR I, § 4 G II f 2 ff (220 ff.) und Wilk, Die Erkenntnis des Schadens und seines Ersatzes, Berlin, München 1983, S. 15 ff., 35 ff.
[89] BGH 30, 34. Die Wendung bezieht sich auf „teils zerstörte, teils beschädigte Gebäude" (29).
[90] BGH 30, 35; BGH VersR 1963, 1186; BGH NJW 1966, 1455.
[91] BGH 30, 31, 33.

XI. Kein Abzug „neu für alt"

schaftliche Vermögenslage bedeutet, wie sie ohne den Eintritt des zum Ersatze verpflichtenden Umstandes bestanden haben würde. Das Gesetz" stelle „es nicht auf die Herstellung genau des gleichen Zustandes ab, wie es vor dem schädigenden Ereignis bestanden hatte, sondern es" komme „darauf an, wie sich der wirtschaftliche Zustand des Geschädigten ohne das schadensstiftende Ereignis darstellen würde. Die danach erforderliche Vermögensvergleichung" spiegele „den Grundgedanken des Schadensersatzrechts wider, zu erreichen, daß der Geschädigte durch die Ersatzleistung nicht ärmer und nicht reicher gemacht werde". „Einerseits" solle „der Schadensersatz grundsätzlich nicht zu einer wirtschaftlichen Besserstellung des Geschädigten führen, andererseits" solle „aber der Schädiger nicht unbillig begünstigt werden".

Diese Ausführungen des Bundesgerichtshofs sind mit dem Gesetz nicht zu vereinbaren. Die Bezugnahme auf die Motive zum BGB kann daran nichts ändern. In den vom Bundesgerichtshof[92] wörtlich zitierten Sätzen aus Mot. II, 18 f. heißt es: „die Entscheidung der Frage" der Vorteilsausgleichung müsse *der Rechtswissenschaft und Praxis* überlassen werden"; „ihre Lösung" hänge „wesentlich mit der Feststellung des Schadensbegriffs zusammen". Der Bundesgerichtshof[93] behauptet unter Bezugnahme darauf, „der Gesetzgeber" habe „die Entscheidung, welcher Vorteil anzurechnen sei, *der Rechtsprechung* überlassen". Dadurch werden Wortlaut und Inhalt des Zitats grundlegend verändert. Nach den Motiven sollte es auf die *wissenschaftliche Klärung des Schadensbegriffs in Gebundenheit an das Gesetz und nicht,* wie der Bundesgerichtshof[94] behauptet, „in jedem einzelnen Fall" auf „eine Gesamtschau über die Interessenlage" in den „Grenzen der Zumutbarkeit" ankommen.

Nach der ausdrücklichen Bestimmung in § 249 S. 1 BGB hat der Schadensersatzpflichtige „den Zustand herzustellen", „der bestehen würde, wenn der zum Ersatz verpflichtende Umstand nicht eingetreten wäre". Zur Herstellung dieses Zustands, der in einem *späteren* Zeitpunkt „bestehen *würde*", gehört z. B. die Erstattung des dem Geschädigten infolge des tatbestandsmäßigen Ereignisses entgangenen Gewinns (vgl. § 252 BGB). Statt der Herstellung dieses späteren Zustands unterlegt der Bundesgerichtshof dem Gesetz „die Herstellung des *früheren* Zustands des an seinem Vermögen Beschädigten", des Zustands also, der *vor* dem schädigenden Ereignis bestanden hatte. Er schneidet damit in Widerspruch zum Gesetz und zum Begriff Schadensersatz die Ermittlung

---
[92] BGH 30, 31 f.
[93] BGH 30, 33.
[94] BGH 30, 33.

des Kausalverlaufs ab, der stattgefunden hätte, „wenn der zum Ersatz verpflichtende Umstand nicht eingetreten wäre". Statt der gesetzlich bestimmten „Herstellung" behauptet er eine „Wiederherstellung", die dieser gerade nicht entspricht[95].

Das in § 249 S. 1 BGB enthaltene Erfordernis der Feststellung des Kausalzusammenhangs zwischen Schaden und tatbestandsmäßigem Umstand hängt damit zusammen, daß die Schadensersatzpflicht begrifflich notwendig *jeden* in dem tatbestandsmäßigen Ereignis begründeten Nachteil und *nur* darin begründeten Nachteil umfaßt. Die begriffliche Notwendigkeit folgt aus Wortlaut und Inhalt des Gesetzes, an die die Rechtsprechung gebunden ist, aus dem allgemeinen Sprachgebrauch und aus den realen Gegebenheiten, auf die sich dieser bezieht. Beim Wertersatz gibt es das nicht. Die mit der Verdrängung des Schadensersatzes durch Wertersatz verbundene Ausscheidung des Kausalzusammenhangs ist gleichbedeutend mit der Verwerfung nicht nur des § 249 S. 1 BGB, sondern der wissenschaftlichen Schadensersatzlehre.

Einen Schadensersatz, der nicht darin besteht, die in einem tatbestandsmäßigen Umstand real begründeten, d. h. in der sprachüblichen Ausdrucksweise und traditionellen juristischen Terminologie: die durch diesen Umstand verursachten, realen Nachteile zu ersetzen, gibt es nicht.

Durch den frei behaupteten „Grundgedanken", der Geschädigte dürfe „nicht reicher gemacht" werden, schafft sich der Bundesgerichtshof die scheinbare Legitimation, dem Geschädigten den gesetzlichen Schadensersatz zu versagen. Auf den Umfang eines entstandenen Schadens und dessen Verursachung kommt es danach nicht mehr an.

Seitens der Revision war in dem betreffenden Verfahren geltend gemacht worden, „vorliegend könne eine Vorteilsausgleichung in Form eines Abzugs ‚neu für alt' deshalb nicht in Frage kommen, weil nicht dasselbe Ereignis den Klägern zugleich Nachteil und Vorteil gebracht habe, sondern der Nachteil durch die Brandstiftung, der Vorteil aber durch den Wiederaufbau des Gebäudes erwachsen sei"[96]. Der Bundesgerichtshof erwidert auf dieses kausalgesetzlich zwingende Vorbringen, es sei „nicht erforderlich, daß die schädigende Handlung unmittelbar auch den Vorteil hervorgebracht" habe, „sondern es" genüge, „daß Schaden und Vorteil aus mehreren, der äußeren Erscheinung nach selbständigen Ereignissen fließen, sofern nur nach dem natürlichen Ab-

---

[95] Vgl. RG 131, 178 und Palandt / Heinrichs, 42. Aufl., § 249 Anm. 1 m. w. N., die zutreffend darauf hinweisen, daß „gegebenenfalls etwas noch nie Dagewesenes gefordert werden" kann.

[96] BGH 30, 32.

lauf der Dinge das schädigende Ereignis allgemein geeignet war, derartige Vorteile mit sich zu bringen, und der Zusammenhang nicht so lose" sei, „daß der nach vernünftiger Lebensauffassung keine Berücksichtigung mehr" verdiene.

Was bei dem vom Bundesgerichtshof gemeinten „Zusammenhang" unter „natürlichem Ablauf der Dinge", „vernünftiger Lebensauffassung", „äußerer Erscheinung", „fließen" und „verdienen" zu verstehen sein soll, erklärt das Gericht nicht und ist nicht begreifbar: Ein natürliches Seiendes ist ein solches, das nicht hergestellt und das keine Hanlung oder Unterlassung ist. Herstellen geschieht durch Handeln. Da der Wiederaufbau des Gebäudes ein Herstellen ist, handelt es sich dabei gerade *nicht* um einen „natürlichen Ablauf". Vernunft ist Denken, Entschließen und Wollen in Übereinstimmung mit den Gesetzen der Logik. Die Behauptung, eine Auffassung sei „vernünftig", bedeutet, daß diese keinen logischen Widerspruch enthalte; ein positiver sachlicher Inhalt oder gar ein Beweis der Wahrheit ist damit nicht verbunden. Eine „Lebensauffassung", d. h. eine Weltanschauung, ist stets irrational, also nicht vernunftgemäß; sie hat mit der Schadenserkenntnis nichts zu tun.

XII. Einen „Gesamtvermögensschaden" gibt es nicht

Die vom Bundesgerichtshof angenommene „Beschädigung an seinem Vermögen" gibt es entgegen seiner Auffassung weder „für beide Alternativen des § 249 BGB" noch nach dem Begriff Schaden noch nach irgendeinem gesetzlichen oder rechtsdogmatisch möglichen Tatbestand. Da diese der Gesamtvermögensdifferenzlehre zugrundeliegende Annahme für die Rechtsprechung des Bundesgerichtshofs zum Schadensersatzrecht grundlegend ist, muß darauf näher eingegangen werden.

Der in § 249 S. 1 BGB bestimmte allgemeine Inhalt der Schadensersatzpflicht enthält, wie oben bereits dargelegt, als notwendiges Merkmal der Begriffe Schaden und Schadensersatz, daß in einem oder in mehreren einzelnen Gegenständen eines Menschen ein oder mehrere bestimmte Nachteile eintreten. Ein Nachteil kann nach seinem Begriff nur in einem einzelnen Gegenstand oder in mehreren in besonderer Weise miteinander zusammenhängenden Gegenständen eintreten. Einen Nachteil und damit einen Schaden anderer Art gibt es nicht. Das gilt auch für Vermögensschäden.

Das Vermögen eines Menschen ist die Gesamtheit seiner ihrem Wesen nach beherrschbaren (dinglichen) Verhältnisse, sei es der vermögens-

XII. Kein "Gesamtvermögensschaden"

rechtlichen Verhältnisse (Vermögen im rechtlichen Sinn) oder der wirtschaftlichen Verhältnisse (Vermögen im wirtschaftlichen Sinn)[97]. Eine Gesamtheit ist eine mit einer Sammelbezeichnung bezeichnete Gruppe von Gegenständen. Eine Gruppe sind Seiende, zwischen denen Zusammenhänge bestehen, deren jeder wiederum ein Seiendes ist. Daß ein Gegenstand zu einer Gruppe gehört, ändert nichts daran, daß er einzeln existiert und demgemäß auch nur als einzelner Gegenstand beschädigt werden kann. Zwar können auch in einem einzelnen Verhältnis zwischen mehreren zur Gruppe gehörenden Gegenständen oder in mehreren solchen Verhältnissen Schäden eintreten, wie es z. B. zutrifft, wenn Bücher in einer Bibliothek verstellt werden. Ein Schaden in einer Gruppe von Gegenständen ohne Schaden in einzelnen Gegenständen oder Verhältnissen zwischen diesen ist dagegen nicht möglich.

Ein Vermögensschaden ist hiernach nicht etwa ein Nachteil unmittelbar im Vermögen eines Menschen oder gar in einem als einheitlichen Gegenstand geglaubten „Vermögensganzen"[98], sondern ist ein Nachteil in einem einzelnen Vermögensgegenstand oder in mehreren in besonderer Weise miteinander zusammenhängenden Vermögensgegenständen. Die gegenteilige Auffassung ist ontologisch und juristisch unhaltbar.

§ 249 S. 2 BGB enthält eine Sonderbestimmung für Fälle, in denen „wegen Verletzung einer Person oder Beschädigung einer Sache", also wegen Verletzung je eines einzelnen Gegenstands besonderer Art, Schadensersatz zu leisten ist, wobei in den Fällen der „Beschädigung einer Sache" außerdem noch die Weise der Verletzung dahin eingeschränkt ist, daß der Totalverlust und damit die *Zerstörung* einer Sache nicht darunter fällt[99]. Das ist genau das Gegenteil der vom Bundesgerichtshof behaupteten „Beschädigung des Vermögens".

Die dargelegte Sachlage stimmt damit überein, daß nach § 823 Abs. 1 BGB nur je ein einzelnes absolutes Recht mit je einem einzelnen Rechtsgegenstand tatbestandsmäßig verletzbar ist, während ein absolutes Recht in bezug auf das gesamte Vermögen eines Menschen nicht existiert und daher auch durch eine Handlung eines anderen nicht verletzt werden kann.

Entsprechend kann bei einem relativen rechtlichen Verhältnis nur jeweils dieses verletzt werden. Die zu einer Gesamtheit gehörenden Gegenstände sind nur je einzeln verletzbar. Die Gesamtheit als solche

---

[97] Vgl. meine Ausführungen, SchR I, § 2 D II a 9 bb (99 ff.).
[98] Larenz, VersR 1963, 5, 8.
[99] So zutreffend Palandt / Heinrichs, 42. Aufl., § 249 Anm. 2 a.

XII. Kein „Gesamtvermögensschaden"

und damit auch ein Vermögen ist nicht verletzbar. Eine tatbestandsmäßige Verletzung des gesamten Vermögens eines Menschen ist daher gesetzlich, rechtsdogmatisch und ontologisch unmöglich. Die Gegenauffassung führt zu der widersinnigen Konsequenz, daß z. B. bei Verletzung einer in fremdem Eigentum stehenden Sache außer dem Eigentumsrecht an dieser noch das Vermögen bzw. ein absolutes Recht am Vermögen, zusammen also zwei teilweise identische Gegenstände, verletzt würden.

Damit entfällt jeder inhaltliche Bezug des in einem tatbestandsmäßigen Umstand begründeten Vermögensschadens auf das Gesamtvermögen des Verletzten. Die darauf gestellte Lehre vom Vermögensschaden als „Gesamtvermögensdifferenz" widerspricht dem Gesetz und ist dogmatisch fehlerhaft. Für die aus ihr folgenden Lehren von der „Vorteilsausgleichung" und vom Ausgleich der vermeintlichen „Bereicherung des Geschädigten" durch einen „Abzug ‚neu für alt'" gilt dasselbe. Die Ausdrücke „Vorteilsausgleichung", „Bereicherung" und „neu für alt" haben mit den Begriffen Schaden und Schadensersatz und demgemäß objektiv auch mit dem Schadensersatzrecht so wenig zu tun wie die vom Bundesgerichtshof ebenfalls gebrauchten Ausdrücke „gleiche wirtschaftliche Vermögenslage" und „wirtschaftlicher Zustand des Geschädigten".

Zur Durchführung der nach dem Bundesgerichtshof erforderlichen „Vermögensausgleichung" müßte je eine Bilanz des Gesamtvermögens vor und nach dem tatbestandsmäßigen Umstand aufgestellt werden. Wenn der Bundesgerichtshof das nicht versucht und nicht verlangt, beweist dies, daß er mit den Ausdrücken „gleiche wirtschaftliche Vermögenslage" und „wirtschaftlicher Zustand des Geschädigten" keine begrifflichen Merkmale und keinen gegenständlichen Bezug verbindet. Die Untauglichkeit seiner Auffassung für die Ermittlung eines Vermögensschadens ergibt sich zusätzlich daraus, daß keine „Vermögensvergleichung", wie sorgfältig sie auch sei, über Art und Entstehung eines Schadens Aufschluß geben und damit der Erkenntnis einer Schadensersatzpflicht dienlich sein kann.

Den vom Bundesgerichtshof behaupteten „Grundgedanken des Schadensersatzrechts", „zu erreichen, daß der Geschädigte durch die Ersatzleistung nicht ärmer und nicht reicher gemacht werde", gibt es nicht, weil der darin enthaltene Bezug auf das Gesamtvermögen falsch ist. Die Fehlergebnisse, die damit vermieden werden sollen, können bei zutreffender Definition und Anwendung des Begriffs Schadensersatz gar nicht eintreten.

XIII. Larenz' unhaltbare Lehre vom „gegliederten Schadensbegriff"

Larenz[100] vertritt im Gegensatz zur „noch herrschenden Lehre, die einen einheitlichen Begriff des Vermögensschadens" annehme, „die Notwendigkeit eines gegliederten Schadensbegriffs". Er bezieht diese „Notwendigkeit" nicht „auf die Unterscheidung zwischen dem Vermögensschaden und dem Schaden, der nicht Vermögensschaden" sei — diese „Unterscheidung" sei „nicht bestritten" —, sondern „nur auf den Vermögensschaden, und zwar auf die Frage, ob dieser in allen Fällen einheitlich festgestellt werden" könne. Dem deutschen Bürgerlichen Gesetzbuch sei „eine Abstufung des Umfangs der Ersatzpflicht nach dem Grad des Verschuldens des Schädigers oder der Schwere seiner Verantwortlichkeit fremd". „Das Schadensersatzrecht" habe „nach der Auffassung seiner Verfasser nur eine Ausgleichs-, nicht auch eine Sanktionsfunktion. Wenn daher überhaupt nur ein Haftungsgrund gegeben" sei, habe „der Schädiger dem Geschädigten, abgesehen von dessen Mitverschulden, allen daraus ‚adäquatkausal' entstandenen Schaden, nicht mehr und nicht weniger zu ersetzen". „Der zu ersetzende Schaden" stelle „sich hiernach als eine einheitliche, und zwar summenmäßige Größe dar, die das Ergebnis einer Rechenoperation" bilde. Im Gegensatz dazu, daß „das deutsche Bürgerliche Recht" „hinsichtlich des Vermögensschadens nur einen *einheitlichen* Schadensbegriff" kennt, vertritt Larenz „auch für das deutsche Bürgerliche Recht die Notwendigkeit eines *gegliederten* Schadensbegriffs, nach dem" „es sich bei den verschiedenen Bestandteilen des Vermögensschadens nicht immer nur um unselbständige Rechnungsposten" handele, „sondern auch um *rechtlich relevante* Größen".

Larenz[101] beruft sich für seine dargelegte Auffassung auf „das österreichische Recht", das „im Gegensatz zum deutschen Recht" „einen gegliederten Begriff des Vermögensschadens" kenne. „Nicht zufällig" seien „es gerade auch österreichische Juristen gewesen, die entgegen der in Deutschland herrschenden Lehre immer wieder auf die Notwendigkeit eines gegliederten Schadensbegriffs hingewiesen" haben. Larenz bezeugt seinen „Dank" „für Anregungen, die" von „der österreichischen Rechtswissenschaft" „auf die Dogmatik des deutschen Bürgerlichen Rechts ausgegangen" seien.

Dem ist entgegenzuhalten, daß es methodisch nicht zulässig ist, eine ausländische Kodifikation und auf dieser aufbauende Rechtswissenschaft zur Grundlage einer dogmatischen Lehre „des deutschen Bürgerlichen Rechts" zu machen, dem eine andere Kodifikation mit anderem System und anderen Grundbegriffen zugrunde liegt. Das gilt unabhängig vom möglicherweise hohen Niveau der ausländischen Kodifikation und Rechtswissenschaft und vom Nutzen rechtsvergleichender Untersuchungen, bei denen unterschiedliche gesetzliche Regelungen und Leh-

---

[100] Larenz, VersR 1963, 1. Hervorhebung von Larenz.

[101] Larenz, VersR 1963, 1. Larenz beruft sich auf die österreichischen Juristen Neuner und Wilburg. Auf die historische Vorbereitung seiner Lehre vom „gegliederten Schadensbegriff" kann hier nicht eingegangen werden. Vgl. dazu Burkhard Wilk, Die Erkenntnis des Schadens und seines Ersatzes, Berlin, München 1983, S. 102 ff. m. w. N.

XIII. Die Lehre vom „gegliederten Schadensbegriff"

ren für den Leser vergleichbar nebeneinander gestellt und analysiert werden. Die Gleichheit der Sprache ist keine Gleichheit des Rechts und rechtfertigt es nicht, unterschiedliche gesetzliche Regelungen und wissenschaftliche Lehren miteinander zu vermengen.

Zum österreichischen Allgemeinen Bügerlichen Gesetzbuch ist im übrigen zu bemerken, daß diese bereits von Savigny kritisierte Kodifikation[102] nahezu 100 Jahre älter ist als das deutsche Bürgerliche Gesetzbuch und daß dessen auf den großen Leistungen der deutschen Pandektenwissenschaft des 19. Jahrhunderts aufbauende Verfasser in Kenntnis der österreichischen Kodifikation von dieser abweichende Regelungen ausgearbeitet haben.

Daß nach dem deutschen Bürgerlichen Gesetzbuch Inhalt und Umfang einer tatbestandsmäßig begründeten Schadensersatzpflicht unabhängig vom Grad des Verschuldens und von sonstigen Unterschieden der Tatbestände allein vom Vorliegen eines Schadens abhängen, ist eine rechtsdogmatische Errungenschaft ersten Ranges. Dasselbe gilt für die strenge begriffliche Trennung von „Ausgleich" und „Genugtuung", d. h. von Schadensersatz und Strafe, die keine dynamischen „Funktionen" oder Tätigkeiten, sondern unterschiedliche Inhalte von rechtlichen Verhältnissen zwischen verschiedenen Beteiligten sind.

Wie dem aber sei: Für das Bürgerliche Recht der Bundesrepublik kommt es allein auf den Inhalt des deutschen Bürgerlichen Gesetzbuchs an.

Die zitierten Lehren von Larenz sind ihrem methodischen Ansatz nach auch deshalb verfehlt, weil die Dogmatik des Schadensersatzrechts einschließlich des Rechts des Ersatzes von Vermögensschäden nicht von dem Spezialbegriff Vermögensschaden her aufgebaut werden kann. Der sich bei diesem verfehlten Ansatz nach Larenz ergebende „gegliederte Schadensbegriff" ist logisch unmöglich, existiert also nicht.

Ein Begriff ist eine mit einem Wortzeichen oder sonstigen Zeichen bezeichnete Einheit von Merkmalen, die sich auf einen oder mehrere Gegenstände bezieht[103]. Die Merkmale, aus denen ein Begriff besteht, sind dessen Bestandteile, in die der Begriff — z. B. bei seiner Definition — zerlegt werden kann. Sie bestehen bei den in Zusammenhang mit dem Begriff Schaden allein in Frage kommenden beschränkt allgemeinen Begriffen aus einem Gattungsmerkmal und einem oder mehreren Art-

---
[102] Savigny, Vom Beruf unserer Zeit für Gesetzgebung und Rechtswissenschaft, Heidelberg 1814, in: Thibaut und Savigny, herausgegeben von H. Hattenhauer, 1973, S. 128 ff.
[103] Vgl. hierzu und zum folgenden meine Ausführungen, Allg. T., § 1 A VI b (21 ff.) und Gibt es eine marxistische Wissenschaft, 1980, S. 26 ff.

merkmalen. Rein sprachlich könnte das eine inhaltliche Gliederung des Begriffs genannt werden. Weder empfiehlt sich das jedoch, noch hat der von Larenz vertretene „gegliederte Schadensbegriff" damit etwas zu tun.

Larenz meint einen „Schadensbegriff", der sich nicht auf einen „unselbständige Rechnungsposten" umfassenden identischen Schaden, sondern auf selbständige „rechtlich relevante Größen", d. h. auf verschiedenartige Gegenstände beziehen soll. Ein solcher Schadensbegriff, der keine Einheit von Merkmalen wäre, ist logisch undenkbar. Es gibt zwar Artbegriffe des Begriffs Schaden wie etwa die Begriffe Vermögensschaden und Nichtvermögensschaden, die den Begriff Schaden als Gattungsmerkmal enthalten. Diese liegen aber außerhalb des Gattungsbegriffs Schaden und sind somit andere Begriffe. Die Artbegriffe des Begriffs Schaden haben nichts mit dessen Inhalt, also auch nichts mit einer „Gliederung" dieses Inhalts zu tun.

Da der Begriff Schaden ein Allgemeinbegriff ist, der sich logisch notwendig auf *alle* Schäden gleich welcher Art bezieht, wie z. B. der Begriff Hund sich auf sämtliche Hunde unabhängig von allen Besonderheiten der Dackel, Windhunde, Terrier usw. bezieht, verneint Larenz mit seiner genannten Lehre die Einheit des Schadensbegriffs und mit ihr diesen selbst. Was Larenz „Gliederung des Schadensbegriffs" nennt, ist in Wahrheit dessen Auflösung. Übrig bleibt nur ein Leerwort ohne gegenständlichen Bezug, das nach Belieben manipulierbar ist.

Die Inhalts- und Gegenstandslosigkeit des „gegliederten Schadensbegriffs", der sich auf „rechtlich relevante Größen" beziehen und somit ein Rechtsbegriff sein soll, hängt damit zusammen, daß der Begriff Schaden nicht das Gattungsmerkmal Recht enthält und somit kein Begriff der Rechtswissenschaft, sondern der allgemeinsten Wissenschaft, der Ontologie, ist, wie z. B. auch die in allen Wissenschaften vorkommenden Begriffe Sein, Denken, Gegenstand, Person, Bedingung, Ursache und Handlung Begriffe der Ontologie sind. Wird ein solcher allgemeinster Begriff fehlerhaft als Begriff einer Spezialwissenschaft gebraucht, verliert er damit notwendig jeden Inhalt und gegenständlichen Bezug. So verhält es sich hier mit dem Begriff Schaden. Dessen fehlerhafte Deutung als Rechtsbegriff führt zu der verhängnisvollen Konsequenz, daß Gesetzgeber und Richter nach ihrem Belieben über den Begriff Schaden und über diesen über die Schadensersatzansprüche tatbestandsmäßig verletzter Menschen verfügen können.

Die logische und damit notwendig auch sachliche Fehlerhaftigkeit der Lehre von Larenz wird dadurch bestätigt, daß Larenz nicht nur den

XIII. Die Lehre vom „gegliederten Schadensbegriff"

Nichtvermögensschaden, sondern mit diesem zugleich den Gattungsbegriff Schaden aus seiner Untersuchung ausscheidet. Ohne Definition des Gattungsbegriffs Schaden und des mit dem Wortteil Vermögens- ausgedrückten Artmerkmals ist nicht erkennbar, was ein Vermögensschaden ist. Larenz' Ausführungen treffen daher sachlich die gemeinten Schäden zumindest nicht genau genug. Mit der Verneinung eines „einheitlichen Begriffs des Vermögensschadens" verneint Larenz der Sache nach den Begriff Schaden und damit das Schadensersatzrecht.

Larenz wendet gegen die Gesamtvermögensdifferenzlehre ein, (1.) „die Bestimmung des Schadens durch die Bezugnahme auf das Vermögen einer bestimmten Person" sei nicht „selbstverständlich, wenn wir an den nach österreichischem Recht in gewissen Fällen allein zu ersetzenden ‚gemeinen Wert' einer Sache denken". (2.) „Die Bestimmung des Schadens als einer Wertdifferenz und damit als einer rechnerischen Größe, einer Geldsumme" sei „nicht selbstverständlich", ja passe „im Grunde nicht" „zudem im deutschen Recht anerkannten Vorrang der sog. Naturalrestitution gegenüber dem Geldersatz". (3.) Bedenklich sei schließlich der hypothetische Charakter der beiden Vermögensgrößen als deren Differenz sich hiernach der Schaden" als „derjenige Bestand" darstelle, „den das Vermögen des Geschädigten ohne das die Ersatzpflicht begründende Ereignis *jetzt* — d. h. im Augenblick der endgültigen Schadensfeststellung, welcher Zeitpunkt das auch immer sein möge — haben würde". Denn dieser „Bestand" sei „keine real vorhandene, sondern eine angenommene Größe, die sich daraus" ergebe, „welchen Verlauf die Dinge nach der Überzeugung des Beurteilers ohne das betreffende Ereignis genommen haben würden" und in der daher „ein beträchtlicher Unsicherheitsfaktor" liege[104].

Larenz ist im Ergebnis darin zuzustimmen, daß die Gesamtvermögensdifferenzlehre unhaltbar ist. Seine Ansicht, die Bezugnahme auf das Vermögen „einer bestimmten Person" sei „nicht selbstverständlich", ist unhaltbar, weil jeder Schaden begrifflich notwendig den Bezug auf eine bestimmte Person bzw. eine bestimmte Gemeinschaft von Personen enthält[105] und weil Ersatz des „gemeinen Werts" kein Schadensersatz ist. Daß „die Bestimmung des Schadens als" „eine Geldsumme" nicht zu dem „Vorrang der sog. Naturalrestitution gegenüber dem Geldersatz" passe, ist als Argument gegen die Gesamtvermögensdifferenzlehre nur deshalb zutreffend, weil bei dieser auf den erforderlichen individuellen Gegenstandsbezug verzichtet wird; abgesehen davon ist

---

[104] Larenz, VersR 1963, 2.
[105] Vgl. meine Ausführungen, SchR I, § 4 G II a 2 cc (174 ff.). Ähnlich BGH 45, 219: „die Subjektsbeziehung des Schadens und seines Ausgleichs".

die Behauptung unzutreffend[106]. Dasselbe gilt für Larenz' Ansicht, der hypothetische Zustand, der „im Augenblick der endgültigen Schadensfeststellung" „ohne das die Ersatzpflicht begründende Ereignis" vorhanden wäre, sei „keine real vorhandene", sondern nur eine auf „der Überzeugung des Beurteilers" beruhende „Größe". Larenz verwechselt hier hypothetisch mit irreal[107]. Wenn ein von einer Pistolenkugel getroffener Mensch an der Schußverletzung stirbt, ist das hypothetische Urteil, daß er andernfalls weitergelebt hätte, nicht irreal, sondern nach den Gesetzen der Ontologie und der Logik zwingend. Irreal ist jedes von diesem hypothetischen Urteil abweichende Urteil. Mit einer subjektiven „Überzeugung des Beurteilers" hat das nichts zu tun. Von einem „beträchtlichen Unsicherheitsfaktor" kann keine Rede sein. Das gilt bei Beachtung der Gesetze und Regeln der Erfahrung entsprechend für jedes andere hypothetische Urteil im Sinn des § 249 S. 1 BGB.

„Der Wortlaut" des § 249 S. 1 BGB „zwingt" nach Larenz „nicht" „dazu", „das Wort ‚Zustand' lediglich auf die Vermögenslage des Geschädigten als auf eine summenmäßige Größe" zu „beziehen"[108]. In Wahrheit läuft diese von Larenz zu Recht abgelehnte einschränkende Auslegung dem sich auf jeden Schaden beziehenden Wortlaut und Inhalt des § 249 S. 1 BGB direkt zuwider und widerspricht die Gesamtvermögensdifferenzlehre daher dem Gesetz.

Larenz weist unter Berufung auf Oertmann zutreffend darauf hin, daß die — allerdings unhaltbare — Lehre von der „Vorteilsausgleichung" der Gesamtvermögensdifferenzlehre widerspricht. „Mindestens beim Ersatz durch Naturalrestitution" wäre, da hier eine Rechenoperation nicht stattfinde, für diese Lehre „kein Raum". Nach der Gesamtvermögensdifferenzlehre „müßte man erwarten, daß *alle* Vorteile, die der Verletzte gerade infolge des die Ersatz*pflicht* begründenden Umstands erlangt" habe, „mit Ausnahme nur des Ersatzanspruchs gegen den Schädiger selbst" „den Ersatzanspruch mindern müßten". „Man" sei „sich aber heute darüber einig, daß zahlreiche" dieser „Vorteile" „bei der Berechnung seines jetzigen Vermögens nicht mitgerechnet werden dürfen"[109].

„Das deutsche Reichsgericht" hat nach Larenz, ohne die Gesamtvermögensdifferenzlehre „je grundsätzlich in Zweifel zu ziehen, jahrzehntelang doch in den ihm vorgelegten Fällen einer hypothetischen Schadensursache gerade in dem ihr entgegengesetzten Sinn entschieden. Es" habe „in konstanter Rechtsprechung die Berücksichtigung hypotheti-

---

[106] Vgl. BGH 30, 30.
[107] realis, potentialis, irrealis.
[108] Larenz, VersR 1963, 2.
[109] Larenz, VersR 1963, 2.

scher Schadensursachen bei der Ermittlung des Schadens grundsätzlich abgelehnt". Daß diese Rechtsprechung falsch war, sei „bei einem Gericht vom Range des ehemaligen RG wenig wahrscheinlich"[110]. — In Wahrheit ist diese Rechtsprechung kausaltheoretisch unangreifbar, würde jede andere dem in § 249 enthaltenen Erfordernis des Bedingungszusammenhangs widersprechen.

Aus den genannten Einwendungen von Larenz folgt, daß die Gesamtvermögensdifferenzlehre unhaltbar ist. Anstatt diese unabweisbare Konsequenz zu ziehen, versucht Larenz den logisch unmöglichen Ausweg eines „gegliederten Schadensbegriffs".

Nach Larenz handelt es „sich hierbei um die Unterscheidung zwischen dem an einem bestimmten Schadensobjekt selbst eingetretenen, in diesem Sinne ‚unmittelbaren Schaden', und dem darüber hinaus nur im Vermögen des Geschädigten als ganzen auftretenden ‚mittelbaren Schaden'"[111]. Für den „nur das Vermögen als Ganzes und als eine rechnerische Größe" betreffenden „mittelbaren Schaden" sei „an dem Schadensbegriff der Differenztheorie festzuhalten", „dessen notwendige Konsequenz" „die Berücksichtigung hypothetischer Schadensursachen" sei. Es handele sich dabei nicht um „die Unterscheidung des preußischen Landrechts zwischen dem unmittelbar und dem mittelbar verursachten Schaden", „die sich in der Praxis als undurchführbar erwiesen habe und deshalb mit Recht vom BGB abgelehnt worden sei". Die von Larenz „gemachte Unterscheidung" beziehe „sich *nicht* auf die *Verursachung*, sondern auf den *Gegenstand*, an dem der Schaden primär in die Erscheinung" trete. „Sie" sei „nicht anwendbar, aber auch entbehrlich, wenn es sich nicht um einen Schaden an einem bestimmten Gut, sondern lediglich um allgemeine Vermögensschäden" handele. Sei „aber ein *bestimmtes Gut*" „verletzt, dann" sei „‚unmittelbarer Schaden' die tatsächliche Beeinträchtigung dieses Guts (realer Schaden) und der dadurch eingetretene objektive Wertverlust. Der *darüber hinausgehende* Schaden, der nur das Vermögen im Ganzen" betreffe „und daher lediglich als rechnerische Größe durch den Vergleich zweier Vermögenslagen erfaßt" „werden" könne, „sei ‚mittelbarer Schaden'"[112]. „Der einmal erworbene Anspruch auf den Ersatz des unmittelbaren Schadens" werde „durch spätere Ereignisse, die hypothetisch den gleichen Schaden herbeigeführt hätten, nicht mehr berührt". „Der unmittelbare Schaden" sei „als realer Schaden, soweit möglich, im Wege der Naturalherstellung zu beseitigen. In den Fällen des Geldersatzes" könne „zwar stets der Wert verlangt werden, den die Sache gerade im Vermögen des Geschädigten und somit für diesen hatte, der sog. ‚subjektive Wert'. Allein *unmittelbarer* Schaden" in dem dargelegten Sinn sei „nur der reine Substanzwert", das sei „bei allen Sachen, die einen Marktpreis haben, der gemeine Wert. In der Regel" könne „der Wiederbeschaffungspreis, gegebenenfalls, vor allem bei Anlagegütern, unter Abzug eines Ausgleichs für ‚neu' statt ‚alt' verlangt werden. Der darüber hinausgehende subjektive Wert, den z. B. die zerstörte Maschine im Betrieb des Geschädigten gehabt" habe, sei „in Wahrheit nur ein Nutzungswert"[113].

---
[110] Larenz, VersR 1963, 4.
[111] Larenz, VersR 1963, 4.
[112] Larenz, VersR 1963, 5. Hervorhebungen von Larenz.
[113] Larenz, VersR 1963, 6. Hervorhebungen von Larenz.

Die von Larenz versuchte Unterscheidung zwischen „unmittelbarem Schaden" „an einem bestimmten Schadensobjekt selbst" und „mittelbarem Schaden", der „nur das Vermögen des Geschädigten als Ganzes und als eine rechnerische Größe" betreffe, widerspricht dem Bürgerlichen Gesetzbuch, den Gesetzen der Logik und der Kausalität sowie der wissenschaftlichen Rechtsdogmatik.

Nach dem Bürgerlichen Gesetzbuch ist bei Vorliegen eines gesetzlichen Entstehungstatbestands, wie er z. B. in § 823 Abs. 1 bestimmt ist, *jeder* „daraus entstehende Schaden" und *nur* dieser zu ersetzen[114]. Allein das ist Schadensersatz. Das Bürgerliche Gesetzbuch stimmt hierin mit einem ihm zugrundeliegenden natürlichen Rechtsgesetz, mit den ontologischen Gegebenheiten und mit der sprachlichen Bedeutung des Wortes Schadensersatz überein. In § 249 S. 1 ist die sich daraus ergebende, denkgesetzlich allein mögliche reale individuelle Erkenntnismethode des aus dem tatbestandsmäßigen Umstand entstehenden Schadens bestimmt.

Larenz meint, daß bei Unmöglichkeit der Naturalherstellung „nach deutschem Recht" „stets der Wert verlangt werden" könne, „den die Sache im Vermögen des Geschädigten und somit für diesen hatte, der sog. ‚subjektive' Wert". Seine weitere Bemerkung, „unmittelbarer Schaden" sei „nur der reine Substanzwert", „in der Regel der Wiederbeschaffungswert", schließt ein, daß die Einführung des „Wiederbeschaffungswerts" dem deutschen Recht widerspricht; denn der „Wiederbeschaffungswert", enthält jenen „Wert", „den die Sache im Vermögen des Geschädigten und somit für diesen hatte", gerade *nicht*. Daß der „darüber hinausgehende subjektive Wert" „in Wahrheit ein Nutzungswert" sei, widerspricht dem Begriff Nutzungswert, der sich nicht durch einen negativen Bezug zum Substanzwert bestimmen und nicht mit diesem zu einem einzigen „Wert" verbinden läßt. Daß Schadensersatz und Wertersatz einander ausschließen, wurde oben dargelegt.

Larenz geht darüber hinweg, daß *jede* Unterscheidung zwischen „unmittelbarem" und „mittelbarem" Schaden unabhängig davon, worin die Unterscheidungsmerkmale zwischen Unmittelbarkeit und Mittelbarkeit bestehen sollen, dem Bürgerlichen Gesetzbuch widerspricht. Er verkennt, daß die Begriffe Unmittelbarkeit und Mittelbarkeit in bezug auf Schaden und Schadensersatz allein den realen Bedingungszusammenhang zwischen Schaden und tatbestandsmäßigem Umstand betreffen können, der mit dem Wort Kausalität bezeichnet wird, jede Unterlegung einer anderen Bedeutung an den realen Zusammenhängen und

---

[114] So z. B. § 823 Abs. 1 BGB. Hierzu und zum folgenden vgl. meine Ausführungen, SchR I, § 4 G II e (197 ff.), insbesondere S. 205.

XIII. Die Lehre vom „gegliederten Schadensbegriff"   55

damit am Schadensersatzrecht vorbeigeht. Wenn Larenz am Ende seiner Ausführungen meint, die von ihm vertretene „Unterscheidung zwischen dem unmittelbaren und dem mittelbaren Schaden" sei „im Rahmen der gebotenen Rechtsfortbildung legitim"[115], gesteht er damit zu, daß sie mit dem Bürgerlichen Gesetzbuch nicht zu vereinbaren ist.

Unmittelbarkeit und Mittelbarkeit sind Artmerkmale von Zusammenhängen, insbesondere von Bedingungszusammenhängen[116]. Ein Bedingungszusammenhang ist der Zusammenhang zwischen einem Bedingten und einer oder mehreren Bedingungen. Ein Bedingtes ist ein Seiendes, das von einem anderen abhängt. Ein Seiendes, von dem ein anderes abhängt, ist dessen Bedingung. Mittelbar ist ein Bedingungszusammenhang, der aus mehreren miteinander verknüpften Bedingungszusammenhängen besteht. Die Bedingung einer Bedingung des Bedingten ist eine mittelbare Bedingung. Unmittelbar ist ein Bedingungszusammenhang, der kein mittelbarer ist.

Bei der Anwendung der Begriffe Unmittelbarkeit und Mittelbarkeit auf das Schadensersatzrecht ist zunächst zu bemerken, daß der „daraus entstehende Schaden" ein durch einen tatbestandsmäßigen Umstand real bedingter Schaden ist, wie dies der dem Bürgerlichen Gesetzbuch in § 249 S. 1 zugrundeliegenden Bedingungstheorie entspricht. Real ist ein Bedingungszusammenhang, der unabhängig von einer sich darauf beziehenden Bewußtheit eines Menschen existiert. Zum Erkennen eines realen Bedingungszusammenhangs gehört die hypothetische Erkenntnis, daß ohne den früheren Umstand der spätere — der Schaden — nicht existieren würde. Für Schäden, die in einem Nichtexistieren bestehen, gilt Entsprechendes. Eine andere Schadensersatzpflicht als die Pflicht zum Ersatz eines durch einen tatbestandsmäßigen Umstand unmittelbar oder mittelbar real bedingten Schadens gibt es nicht.

Daß Gegenstand einer Schadensersatzpflicht *nur* ein durch einen tatbestandsmäßigen Umstand real bedingter Schaden sein kann, bedeutet nicht, daß jeder so bedingte Schaden ersetzt werden muß. Die bisherigen Versuche, innerhalb der durch einen tatbestandsmäßigen Umstand real bedingten Schäden solche objektiv auszuscheiden, auf die sich die

---

[115] Larenz, VersR 1963, 8. — Die von Larenz vertretene „richterliche Rechtsfortbildung" ist logisch und verfassungsrechtlich unmöglich. Ihre logische Unmöglichkeit ergibt sich daraus, daß, wenn aufgrund derselben gesetzlichen Bestimmung nacheinander mehrere einander widersprechende Urteile ergehen, eins von ihnen nach den Gesetzen der Logik notwendig unwahr ist. Die verfassungsrechtliche Unmöglichkeit folgt aus der Gebundenheit der Rechtsprechung an das Gesetz nach Art. 20 Abs. 3 GG. Vgl. dazu meine Ausführungen, Das Recht zur Aussperrung, 1981, S. 96 ff., 101 ff.

[116] Vgl. meine Ausführungen, Allg. T., § 4 C (220 ff.); SchR I, § 4 G II e 2 bb (205).

Ersatzpflicht nicht erstreckt (Theorie der Inadäquanz)[117] sind zwar gescheitert. Das ändert aber nichts an der Wahrheit der Einsicht, daß es für die Erkenntnis der zu ersetzenden Schäden bei gegebenem realen Bedingungszusammenhang eines weiteren Merkmals bedarf.

Die wissenschaftliche Lösung dieses Problems liegt in der Lehre vom Begründungszusammenhang[118]. Nach dieser Lehre ist der durch einen tatbestandsmäßigen Umstand unmittelbar oder mittelbar real bedingte Schaden zu ersetzen, wenn zwischen Schaden und tatbestandsmäßigem Umstand ein Begründungszusammenhang besteht. Ein Begründungszusammenhang ist ein Bedingungszusammenhang, bei dem das Bedingte nicht nur in seinem Existieren, sondern auch in seinem Wesen von der Bedingung abhängt, das Bedingte der Bedingung dieser also seinem Wesen nach gleicht und ihr somit inhaltlich entspricht. Dann ist das Bedingte die Folge, die Bedingung deren Grund. Ein solcher Bedingungszusammenhang besonderer Art liegt vor, wenn Bedingtes und Bedingung Gegenstände desselben Gattungsbegriffs sind, wie es z. B. bei einer Malariaerkrankung und deren Erregern zutrifft, im Unterschied zu den Bedingungen in dem an Malaria erkrankten Menschen, die dessen Anfälligkeit für Malaria ausmachen.

Ein Begründungszusammenhang ist, wie jeder Bedingungszusammenhang, entweder ein ontischer oder ein logischer. Die wichtigsten ontischen Bedingungszusammenhänge sind die Kausalzusammenhänge. Ein Kausalzusammenhang ist der Zusammenhang zwischen einer Wirkung und deren Ursache. Eine Wirkung ist ein Geschehen, das vollständig durch andere Seiende bedingt ist, das also bei Vorliegen von Bedingungen notwendig eintritt. Ursache sind die Bedingungen, bei deren Vorliegen eine Wirkung eintritt. Ein Kausalzusammenhang besteht aus mehreren Bedingungszusammenhängen. Zu jedem Kausalzusammenhang gehört notwendig mindestens ein Begründungszusammenhang.

Ein Kausalzusammenhang ist ein ontischer Bedingungszusammenhang der Notwendigkeit im Unterschied zu einem ontischen Bedingungszusammenhang der Möglichkeit. Ein Bedingungszusammenhang der Möglichkeit liegt vor, wenn das Bedingte teilweise von Bedingungen abhängt. Dann kann das Bedingte bei Vorliegen dieser Bedingungen existieren oder nicht. Ein ontischer Bedingungszusammenhang der Möglichkeit (Veranlassungszusammenhang) ist der Bedingungszusammenhang zwischen einem Entschluß und den Bedingungen, bei deren Vor-

---
[117] Vgl. meine Ausführungen, SchR I, § 4 G II e 2 gg (211 ff.).
[118] Vgl. meine Ausführungen, Allg. T., § 4 C II d (221 ff.), SchR I, § 4 G II e (200 ff.).

liegen er seinem Inhalt nach gefaßt werden kann. Auch ein Veranlassungszusammenhang umfaßt mehrere Bedingungszusammenhänge, zu denen mindestens ein Begründungszusammenhang (motivierender Zusammenhang) gehört. Der Unterschied zu einem Kausalzusammenhang besteht darin, daß der motivierende Zusammenhang mit einem Entschluß frei gewählt wird. Ein Veranlassungszusammenhang liegt z. B. vor, wenn ein körperlich Verletzter sich zur Heilung seiner Verletzung in ärztliche Behandlung begibt.

Der für die Entstehung eines Schadensersatzanspruchs notwendige Bedingungszusammenhang zwischen Schaden und tatbestandsmäßigem Umstand ist entweder ein Kausalzusammenhang oder ein Veranlassungszusammenhang. Die herkömmliche Bezeichnung dieses Bedingungszusammenhangs als Kausalzusammenhang ist zu eng. Beim Gebrauch dieses Ausdrucks in der Rechtswissenschaft muß beachtet werden, daß er hier sowohl einen Kausalzusammenhang als auch einen Veranlassungszusammenhang bedeuten kann[119].

Der Veranlassungszusammenhang kann ebenso wie der Kausalzusammenhang ein unmittelbarer oder mittelbarer sein. Ein in einem tatbestandsmäßigen Umstand begründeter mittelbarer Veranlassungszusammenhang besteht in dem genannten Beispiel zwischen verletzender Handlung und Arztkosten. Die Ansicht von Larenz, dieser Zusammenhang sei ein unmittelbarer[120], läßt sich nicht halten.

Für das Schadensersatzrecht bedeutet dies: Unmittelbar ist der in einem tatbestandsmäßigen Ereignis begründete Erstschaden. Mittelbar sind alle durch diesen bedingten („vermittelten") weiteren Schäden (Folgeschäden). In dieser Bedeutung wurde nach Gemeinem Recht zwischen unmittelbarem und mittelbarem Schaden unterschieden. Der von Larenz im Gegensatz dazu unternommene Versuch, die Begriffe Unmittelbarkeit und Mittelbarkeit „nicht auf die Verursachung, sondern auf den Gegenstand" zu beziehen, ist seinem Ansatz nach verfehlt, weil der Schaden nicht in einer Sache eingetreten zu sein und der in einer Sache eingetretene Schaden kein Erstschaden zu sein braucht. Dieser Versuch konnte nur zur Verwirrung führen.

Die logische Unmöglichkeit des Versuchs von Larenz zeigt sich darin, daß der über „die tatsächliche Beeinträchtigung" „an einem bestimmten Schadensobjekt" „hinausgehende Schaden", der nach ihm ein „mittelbarer Schaden" sein soll, folgerichtig nur in einem oder mehreren be-

---

[119] Das darf nicht dahin mißverstanden werden, es gebe eine sich von der ontologischen Kausalität unterscheidende „juristische Kausalität". Die Abweichung ist terminologischer, nicht sachlicher Art.
[120] Larenz, VersR 1963, 7.

stimmten *anderen* „Gütern" eintreten kann. Wenn Larenz statt dessen als „mittelbaren Schaden" einen „Schaden" annimmt, der *„nur"* „das Vermögen des Geschädigten" „als Ganzes und als eine rechnerische Größe" betreffe, ist dies der Behauptung nach ein „Schaden", der *nicht* „an einem bestimmten Schadensobjekt", sondern ausschließlich „im Vermögen des Geschädigten als ganzem" eintritt, alle einzelnen Gegenstände unberührt läßt. Das sagt Larenz, wenn er ausführt, der „mittelbare Schaden" sei ein Schaden „nur am Vermögen im ganzen", der „unmittelbare Schaden" sei ein „Schaden gerade an einem bestimmten Rechtsgut". Genau das Gegenteil vertritt Larenz jedoch mit der Behauptung, der „mittelbare Schaden" „nur am Vermögen im ganzen" könne „infolge der Schädigung" „eines bestimmten Schadensobjekts" eintreten[121]. Ein *„infolge* der Schädigung" eines zu einem Vermögen gehörenden „bestimmten Schadensobjekts" eintretender „Schaden" ist kein „Schaden" *nur* „im Vermögen des Geschädigten als ganzem". In der Formulierung *„darüber hinaus nur"* ist der logische Widerspruch augenfällig.

Der Widerspruch liegt darin, daß ein „an einem bestimmten Schadensobjekt" eintretender Vermögensschaden *notwendig zugleich* in dem Vermögen eintritt, zu dem dieses „Objekt" gehört, ein Schaden im Vermögen eines Menschen nur in einem dazu gehörenden „Schadensobjekt" eintreten kann. Ein „Vermögen im ganzen" neben den einzelnen Gegenständen des betreffenden Vermögens gibt es nicht, in ihm kann daher auch kein Schaden eintreten. Das Vermögen eines Menschen ist, wie dargelegt wurde, die Gesamtheit seiner ihrem Wesen nach beherrschbaren (dinglichen) Verhältnisse. Ein Vermögen ist nicht ein einziger Gegenstand und somit kein „Ganzes", sondern eine Menge. Diese Menge ist nicht, wie Larenz meint, eine „rechnerische Größe" — das wäre eine Summe, also ein Zahlbegriff — sondern sind alle einzelnen Gegenstände, die dazu gehören. Die mit diesen Gegenständen identische, von ihnen nicht unterscheidbare Menge kann als solche nicht beschädigt werden. Den von Larenz behaupteten „mittelbaren Schaden" gibt es nicht.

Das ergibt sich auch aus folgenden weiteren Überlegungen.

Da das Vermögen eines Menschen mit den dazu gehörenden Gegenständen identisch ist, mit jedem einzelnen von ihnen teilidentisch ist, kann das „Vermögen im ganzen" nicht vollständig außerhalb des „Schadensobjekts" liegen, wie Larenz das mit den Worten „darüber hinaus" behauptet, und kann zwischen dem „Schadensobjekt" und dem mit ihm

---

[121] Larenz, VersR 1963, 8. — Zur Unhaltbarkeit der idealistischen Lehre vom „Rechtsgut" vgl. meine Ausführungen, Allg. T., § 2 D III h 1 cc (134 f.), § 2 H I b 2 cc (166 f.); SchR II, § 20 G (600 ff.).

teilidentischen „Vermögen" kein unmittelbarer oder mittelbarer Zusammenhang bestehen; denn dazu wäre Nichtidentität der durch diesen Zusammenhang miteinander zusammenhängenden Seienden notwendig. Larenz' gegenteilige Lehre verstößt gegen die Identität des Vermögens eines Menschen und damit gegen das Gesetz der Identität (A ist nicht NonA), wonach Identisches nicht als nichtidentisch, Nichtidentisches nicht als identisch behandelt werden darf.

Gegen das Gesetz der Identität verstößt ferner, daß „unmittelbarer Schaden" nach Larenz nicht nur „die tatsächliche Beeinträchtigung" eines bestimmten „Schadensobjekts", sondern auch „der dadurch eingetretene objektive Wertverlust" sein soll. Da der Wert eines „Objekts" nicht dieses „Objekt" selbst, der „Wertverlust" nicht die an diesem „Objekt" eingetretene „Beeinträchtigung" ist, setzt Larenz damit das „Objekt" und dessen „Wert", die „Beeinträchtigung" des „Objekts" und den dadurch verursachten „Wertverlust" fehlerhaft in eins. Das geschieht auch mit den Behauptungen, der „objektive Wert, den das vernichtete Gut als solches gehabt" habe „oder um den es durch seine Beschädigung gemindert" sei „oder der zu seiner Wiederherstellung erforderliche Geldbetrag" stellen „das verletzte Rechtsgut als solches dar", „das durch die die Ersatzpflicht begründenden Normen in erster Linie geschützt werden" solle[122]. Die von Larenz damit vertretene Ineinssetzung von „Gut", „objektivem Wert" dieses „Guts", „zu seiner Wiederherstellung erforderlicher Geldbetrag", „Rechtsgut" und „Schutz dieses Rechtsguts" ist mit den realen Gegebenheiten nicht zu vereinbaren. Sie bedeutet, daß es auf diese nach Larenz nicht ankommt.

Neben falschen Ineinssetzungen vertritt Larenz falsche Verneinungen der Identität. Das gilt z. B. für den von ihm gelehrten „Schaden", der „an" einem „Gegenstand" „primär in die Erscheinung tritt", also selbst nicht in diesem, sondern außerhalb seiner liegen soll, und für seine Unterscheidung zwischen einem „Rechtsgut", das „in erster Linie geschützt werden" und einem solchem, das *nicht* „in erster Linie geschützt werden" „soll". Hier wird mit den Wendungen „primär in die Erscheinung tritt" und „in erster Linie" die Nichtidentität des Identischen behauptet.

Die Verstöße gegen das Gesetz der Identität haben ihren Grund in der idealistischen Philosophie Hegels, der Larenz hier folgt. Nach dieser Philosophie gibt es keine einzelnen Seienden, sondern nur die widersprüchliche „Einheit" der dynamischen absoluten innerweltlichen „Idee", die Hegel auch „das Ganze" nennt. An dieser „Idee", die mit

---

[122] Larenz, VersR 1963, 5 f. im Anschluß an Wilburg. Vgl. meine Ausführungen SchR I, § 4 G II a 2 bb (173 ff.).

der Erfahrung nicht zu vereinbaren ist und daher nicht existiert, finden sich nach Hegel „Momente", die ebenfalls widersprüchliche ideale „Ganze" seien. Ein solches ist nach Larenz das „Vermögen des Geschädigten als Ganzes".

Wenn Larenz „die tatsächliche Beeinträchtigung" „an einem bestimmten Gut" „realer Schaden" nennt, bedeutet dies, daß der „Schaden" am „Vermögen im ganzen" kein realer, sondern ein idealer „Schaden" und das „Vermögen im ganzen" selbst ein ideales „Ganzes" seien. Wenn er lehrt, ein „realer Schaden" bestehe darin, daß „ein bestimmtes Gut, sei es ein Vermögensgut, etwa eine Sache, oder ein ideelles Gut, z. B. die Gesundheit, verletzt" sei[123], sind „real" und „ideal" nach ihm dasselbe. Das entspricht genau der von Hegel gelehrten „Identität der Identität und der Nichtidentität" oder „Einheit von Sein und Nichts"[124]. „Idealität" und „Realität", „Sein" und „Nichts", „Vermögen als Ganzes", „Schaden" „unmittelbaren" und „mittelbaren Schaden" gibt es danach in Wahrheit nicht. Der von Larenz vertretene „gegliederte Schadensbegriff" ist eine widersprüchliche „Einheit" von „realem" und „idealem" „Schaden", mit anderen Worten von „Sein" und „Nichts", also nichts. Denn was mit „Idealem", d. h. mit nicht Existierendem, eine „Einheit" sein soll, ist nichts. Eine Kombination mit „Nichts" kann immer nur nichts ergeben. Schaden und Schadensersatzrecht, Realität und Kausalität sind danach folgerichtig nicht denkbar.

Der „mittelbare Schaden", der nach Larenz „lediglich" „durch den Vergleich zweier Vermögenslagen erfaßt werden kann" und „dessen notwendige Konsequenz" „die Berücksichtigung hypothetischer Schadensursachen" sein soll, ist ein in Wahrheit nicht existierender „idealer Schaden". Das folgt auch daraus, daß ein „Vergleich zweier Vermögenslagen" nur in der Weise möglich ist, daß die je dazu gehörenden realen einzelnen Vermögensgegenstände miteinander verglichen werden, das aber von Larenz nicht verlangt wird und nicht gemeint ist. Einen globalen „Vergleich" zwischen inhaltlich und gegenständlich unbestimmten „Lagen" eines identischen „Vermögens als Ganzen" gibt es nicht. Ein solcher irrealer, der Sache nach mystischer „Vergleich" kann daher auch nicht mit realer Schadenserkenntnis und Rechtserkenntnis verbunden werden.

Eine „Berücksichtigung hypothetischer Schadensursachen" bei der wissenschaftlichen Erkenntnis des zu ersetzenden Schadens ist entgegen der Meinung von Larenz ausgeschlossen, weil Gegenstand des Er-

---
[123] Larenz, VersR 1963, 5.
[124] Vgl. meine Ausführungen, Allg. T., § 1 C III f (S. 90 Fn. 227 m. w. N.); Gibt es eine marxistische Wissenschaft, 1980, S. 173 ff., 177 ff., 184 ff. m. w. N.

XIII. Die Lehre vom „gegliederten Schadensbegriff" 61

kennens nur der in dem tatbestandsmäßigen Umstand real begründete Schaden ist. Da jeder Schaden von einer sich darauf beziehenden Bewußtheit unabhängig ist, existiert *jeder* Schaden real. Ein unmittelbarer Schaden ist um nichts weniger real als ein mittelbarer. Andernfalls existiert er nicht. Desgleichen ist der gemäß § 249 S. 1 methodisch zu erkennende unmittelbare oder mittelbare Begründungszusammenhang ein realer Begründungszusammenhang[125]. Daran ändert nichts, daß zu seiner Erkenntnis der hypothetische Begründungszusammenhang ermittelt werden muß, der stattgefunden hätte, wenn der zum Ersatz verpflichtende Umstand nicht eingetreten wäre. Eine „hypothetische Schadensursache" ist dagegen ein Umstand, in dem der Schaden *nicht* begründet ist. Ein Begründungszusammenhang zwischen dem realen Schaden und diesem Umstand existiert *nicht*. Die „hypothetische Schadensursache" ist in Wahrheit *keine* „Schadensursache" und kann daher die Schadensersatzpflicht nicht beeinflussen.

Larenz' Ansicht, daß nur die „tatsächliche Beeinträchtigung" eines „bestimmten Guts" ein „realer Schaden" sei, widerspricht dem Begriff Realität. Einen irrealen und somit auch einen „idealen Schaden" gibt es nicht. Idealität ist Gedachtwerden, Vorgestelltwerden oder Angestrebtwerden in der Einbildung. Diese Merkmale passen zwar auf die „mittelbaren Schäden" im Sinn der Lehre von Larenz, sind aber keine möglichen Merkmale eines Schadens. Eine wissenschaftliche Lehre des Schadensersatzrechts gibt es danach nicht. Wenn Larenz meint, daß es sich hier „lediglich um allgemeine Vermögensschäden" handele[126], verwechselt er Allgemeinheit mit absoluter Idealität. Allgemeinheit ist die Bezogenheit eines Begriffs oder sonstigen begrifflichen Inhalts, z. B. eines Urteils oder Entschlusses auf eine unbestimmte Menge von Gegenständen. Zur Allgemeinheit gehören also die Vorhandenheit einzelner Gegenstände und der Bezug auf sie. Idealität ist dagegen inhalt- und gegenstandslose Absolutheit.

Daß „der einmal erworbene Anspruch" „durch spätere Ereignisse, die hypothetisch den gleichen Schaden herbeigeführt hätten, nicht mehr berührt wird", gilt entgegen der Ansicht von Larenz[127] nicht nur für „den Ersatz des unmittelbaren Schadens", sondern für jeden Schadens-

---

[125] Das gilt auch für die in § 252 S. 1 BGB geregelten Fälle des entgangenen Gewinns, in denen der künftige Gewinn bei Eintreten des tatbestandsmäßigen Umstands bereits real begründet war. Ein reales Seiendes kann künftig oder bedingt sein. In den Fällen des § 252 S. 2 BGB handelt es sich dagegen um einen hypothetischen Schaden, der nicht unter § 249 S. 1 fällt. (Vgl. meine Ausführungen SchR I, § 4 G II f 2 ff (242 ff.). Diese Ausnahmeregelung hat für die allgemeinen Zusammenhänge keine Bedeutung.

[126] Larenz, VersR 1963, 5.
[127] Larenz, VersR 1963, 6.

ersatzanspruch. Seine Ansicht, daß im Gegensatz dazu bei einem „mittelbaren Schaden", d. h. im Sinn seiner Lehre bei einem „Schaden", der „nur das Vermögen des Geschädigten als Ganzes" betreffe, „hypothetische Schadensursachen" zu berücksichtigen seien, ist zwar insofern konsequent, als bei diesem idealen „Schaden" dem Ansatz nach jede Kausalität ausscheidet. Inkonsequent ist es jedoch, die Verneinung der realen Kausalität, d. h. jeder Kausalität und jeder Realität, auf die behaupteten „mittelbaren" Schäden zu beschränken. In Wahrheit gibt es nach Larenz' idealistischer Schadensersatzlehre keinerlei Kausalität und Realität, mit anderen Worten keinen Schaden und keinen Schadensersatz.

XIV. Keine „billige" Schadensverteilung durch das Gericht

Den behaupteten „Grundgedanken" des Schadensersatzrechts, „zu erreichen, daß der Geschädigte durch die Ersatzleistung nicht ärmer und nicht reicher gemacht werde", drückt der Bundesgerichtshof auch mit der Wendung aus, „der Schädiger" solle „nicht *unbillig* begünstigt werden"[128]. Diese Wendung enthält, daß der Bundesgerichtshof sich in Widerspruch zu seiner verfassungsrechtlichen Gebundenheit an Gesetz und Recht[129], hier an § 249 S. 1 BGB, für berechtigt hält, den Schaden zwischen den Beteiligten „billig" zu verteilen[130]. Diese fehlerhafte Ansicht führt dazu, daß dem Geschädigten sein im Zeitpunkt des Schadenseintritts nach § 249 S. 1 entstandener Schadensersatzanspruch gesetzwidrig abgesprochen wird.

Im einzelnen sind folgende Konsequenzen hervorzuheben, mit denen sich der Bundesgerichtshof aus Gründen einer verfehlten „Billigkeit" in Widerspruch zu den Grundlagen seiner eigenen Rechtsprechung zum „Wiederbeschaffungswert" begibt.

Obwohl zur Genüge bekannt ist, daß zumindest eine sehr große Zahl von gebrauchten Kraftwagen deshalb verkauft wird, weil bei dem betreffenden Fahrzeug erhebliche Reparaturkosten bevorstehen, „geht es" nach dem Bundesgerichtshof[131] „nicht an, den Schädiger generell deshalb mit einem Risikozuschlag zu belasten, weil beim Kauf eines gebrauchten Wagens stets damit gerechnet werden müsse, daß der Wagen verborgene Mängel" aufweise. „Einmal" trage „in aller

---

[128] BGH 30, 33.
[129] Vgl. meine Ausführungen, Das Recht zur Aussperrung, 1981, 96 ff., 100, 181 f., 360.
[130] Zu „Billigkeit" vgl. Wolf / Hammen, SAE 1982, 301 ff.
[131] BGH NJW 1966, 1455.

XIV. Keine „billige" Schadensverteilung durch das Gericht

Regel schon die Bemessung des Kaufpreises für einen Gebrauchtwagen diesem Risiko Rechnung. Sodann" sei „zu bedenken, daß sich auch bei dem unfallbetroffenen Wagen später Mängel hätten zeigen können". „Bei einem Vergleich" könne „nicht ohne weiteres davon ausgegangen werden, daß hinsichtlich der bisherigen Wartung und Pflege wesentliche, für die Bemessung ins Gewicht fallende Unterschiede bestehen. Eine subjektive Abneigung des Geschädigten rechtfertige es allein noch nicht, vom Schädiger einen höheren Ersatz zu verlangen".

Der Bundesgerichtshof versucht vergeblich, mit diesen Ausführungen die Wahrheit des gängigen Worts hinwegzuargumentieren, daß wegen der Höhe der Reparaturkosten ein alt gekaufter Wagen auf die Dauer teurer sei als ein fabrikneuer. Den bereits dargelegten Gründen, aus denen sich die sachliche Unhaltbarkeit seiner genannten Behauptungen ergibt, ist hinzuzufügen: Mit welchem Recht hält sich der Bundesgerichtshof für befugt, dem Geschädigten ein bestimmtes Käuferverhalten vorzuschreiben? Warum sollte dieser verpflichtet sein, ein ihm nicht zusagendes Risiko zu übernehmen, selbst wenn diesem Risiko bei der „Bemessung des Kaufpreises" „Rechnung" „getragen" wäre? Warum sollte er verpflichtet sein, z. B. ein auf dem Markt allein angebotenes grünes Auto zu kaufen, wenn er grün nicht mag? Alle diese Probleme entfallen, wenn der Schadensberechnung zutreffend der Gebrauchswert des zerstörten Fahrzeugs zugrunde gelegt wird.

Das Risiko des Käufers eines gebrauchten Kraftfahrzeugs vergrößert sich automatisch mit der Zahl der Vorbesitzer, weil anzunehmen ist, daß der Motor durch deren unterschiedliche Fahrweisen stärker als bei nur einem einzigen Vorbesitzer beansprucht worden ist, ganz abgesehen davon, daß vermutlich beide Vorbesitzer mit dem Fahrzeug nicht zufrieden waren oder jedenfalls für die nahe Zukunft Reparaturen befürchteten.

Nach dem Bundesgerichtshof[132] „ist allgemein anerkannt, daß im Kraftfahrzeughandel ein Kraftfahrzeug aus 1. Hand höher bewertet wird als ein Kraftfahrzeug aus 2. Hand". Diese Feststellung ist identisch damit, daß ein „Kraftfahrzeug aus 2. Hand" einen entsprechend geminderten „Zeitwert" hat. Da ein vom Geschädigten als Ersatzwagen erworbener Gebrauchtwagen diesen Erwerb für den Verkaufsfall notwendig einen Vorbesitzer mehr erhält, müßte der Zuschlag zum „Zeitwert", der nach dem Bundesgerichtshof den „Wiederbeschaffungswert" ergeben soll, folgerichtig um einen Zweithandaufschlag erhöht werden. Das lehnt der Bundesgerichtshof indessen ab. Während er die „im Verkehr anerkannten Bewertungsmaßstäbe" der Händler zum Nachteil der

---

[132] BGH NJW 1978, 1373 m. w. N.

Geschädigten berücksichtigt[133], nennt er die auf der „Ansicht" der „Gebrauchtwagenkäufer" beruhende „Minderung des Weiterveräußerungswertes des Ersatzfahrzeugs", die sich zugunsten der Geschädigten auswirken müßte, ein „Vorurteil der Käuferschaft", und berücksichtigt sie *nicht*.

„Eine solche Minderung des Weiterverkaufswerts des Ersatzfahrzeugs stellt" nach der Behauptung des Bundesgerichtshofs „nicht einen Mangel des Fahrzeugs dar, der diesem notwendig anhaftet"; es bestehe „kein sachlicher Grund und würde zu einer insgesamt nicht gerechtfertigten Bereicherung des Geschädigten führen, müßte bei der Schadensabwicklung für total beschädigte Kraftfahrzeuge schon gleich stets ein Zweithandzuschlag gewährt werden". Der Bundesgerichtshof billigt die Marktverhältnisse hiernach nur, wenn und soweit sie seiner Meinung nach nicht zu einer „nicht gerechtfertigten Bereicherung" des Geschädigten führen.

Wenn der Bundesgerichtshof[134] ausführt, die „Minderung des Weiterveräußerungswerts des Ersatzfahrzeugs" als Zweithandfahrzeug sei „weder überhaupt noch der Höhe nach von Anfang an fixiert", ist erstaunlich, daß ihm dieses Bedenken bei seiner sonstigen Rechtsprechung zum „Wiederbeschaffungswert" verborgen bleibt.

Nach dem Bundesgerichtshof[135] ist der Schaden, der dadurch entsteht, daß das gebrauchte Ersatzfahrzeug mit dem Erwerb durch den Geschädigten ein Zweithandfahrzeug wird, „als (adäquater) Folgeschaden nur dann zu ersetzen, wenn er sich bei einem späteren Wiederverkauf des Ersatzwagens tatsächlich vermögensrechtlich auswirkt. Es" komme „darauf an, ob der Geschädigte sich mit dem Wiederbeschaffungswert überhaupt einen Ersatzwagen gekauft" habe, „diesen später" wiederverkaufe „und dabei nur einen durch vom Käufer mit Recht geforderten Zweithandabschlag verminderten Kaufpreiserlös" erziele. „Ob ein solcher Abschlag zu gewärtigen" sei, bestimme „sich nach den Umständen des Einzelfalls", die der Bundesgerichtshof der Art nach aufzählt. „All das" lasse „sich erst dann beurteilen, wenn der Ersatzwagen wirklich verkauft worden" sei oder wenn der Geschädigte „bei einer Beleihung des Ersatzwagens infolge dessen Zweithand-Eigenschaft einen Nachteil" erleide.

Mit diesen Ausführungen verweist der Bundesgerichtshof den Geschädigten darauf, bezüglich des Zweithandabschlags einen weiteren Prozeß zu führen. In Wahrheit liegt darin eine widersprüchliche Ab-

---

[133] BGH NJW 1966, 1456.
[134] BGH NJW 1978, 1373.
[135] BGH NJW 1978, 1373 f.

lehnung jedes Zweithandabschlags. Der Zweithandabschlag soll nämlich nach dem Bundesgerichtshof nur zu berücksichtigen sein, wenn er von dem späteren Käufer „mit Recht" gefordert wird. Das aber ist nach der Aufzählung der nach dem Bundesgerichtshof „mit Recht" zu berücksichtigenden Umstände gar nicht denkbar, weil die Zweithandeigenschaft des Fahrzeugs dabei nicht genannt wird.

Die Zumutung, einen aussichtslosen weiteren Prozeß zu führen und dadurch die besonders seitens der Gerichte so häufig beklagte Prozeßschwemme zu vermehren, entfällt nur, wenn der Geschädigte den Ersatzwagen nicht weiter verkauft, sondern behält. Dann bleibt der zusätzliche Schaden ohnehin bei ihm.

XV. Keine Pflicht des Geschädigten zur „Schadensminderung"

Die unter XIV. genannten Entscheidungen lassen sich im Gegensatz zur Ansicht des Bundesgerichtshofs[136] nicht mit der Annahme einer „Pflicht zur Schadensminderung" rechtfertigen, die sich aus „Treu und Glauben" und aus § 254 Abs. 2 BGB ergeben soll.

Der Bundesgerichtshof meint unter Bezugnahme auf die „Verkehrsanschauung (§ 242 BGB)", „der Verkehr" rechne die „Mühewaltung" „bei Feststellung der Ursachen und bei der Abwicklung eines Schadensfalles, mag er auch durch einen Dritten herbeigeführt worden sein, zum eigenen Pflichtenkreis" des Geschädigten[137]. Danach wäre nicht der Schädiger, sondern der Geschädigte zur Schadensbeseitigung „verpflichtet". Die Ansicht des Bundesgerichtshofs läßt sich nicht halten.

Nach § 254 BGB schließt, wenn ein Schaden eines Menschen durch Zusammenwirken eines die Haftung eines anderen begründenden Tatbestands und eines Tatbestands der Selbstschädigung entstanden ist, die Mitbegründetheit des Schadens in dem Sachverhalt der Selbstschädigung einen Schadensersatzanspruch gegen den anderen anteilig aus[138].

---

[136] BGH 4, 173 ff. Der BGH folgt hier im Gegensatz zu OGHZ 1, 317 einem auf nationalsozialistischer Gemeinschaftsideologie beruhenden Urteil des RG (154, 240 ff.). Vgl. dagegen meine Ausführungen SchR I, § 4 G II g 2 cc (258 f.), kk (269 ff.).
[137] BGH NJW 1969, 1109. — Ein Mensch, der einen Totalschaden an seinem Kraftfahrzeug erlitten hat, für den ein anderer ersatzpflichtig ist, kann nach dieser Entscheidung den ihm durch die Rechtsprechung des BGH drohenden Nachteilen nicht einmal dadurch entgehen, daß er dem Schädiger den Autoschlüssel übergibt und von ihm die Beschaffung eines „gleichwertigen und gleichartigen" Ersatzfahrzeugs verlangt.
[138] Vgl. hierzu und zum folgenden meine Ausführungen, SchR I, § 4 G II g 2 dd (260 f.) m. w. N.; Allg. T., § 2 E (152 ff.).

Es handelt sich dabei um eine Obliegenheit des Verletzten gegenüber dem Verletzer mit dem Inhalt, daß der Verletzte, dem es möglich ist, die Entstehung eines Schadens durch eine Handlung vollständig oder teilweise abzuwenden, und der diese Möglichkeit nicht wahrnimmt, insoweit keinen Schadensersatzanspruch erlangt. Die vollständige Abwendung oder teilweise Abwendung („Minderung") darf nicht mit Beseitigung verwechselt werden. Eine Obliegenheit des Geschädigten, einen bereits eingetretenen Schaden zu beseitigen, gibt es nicht.

Eine Obliegenheit ist ein Ausschlußverhältnis mit dem Inhalt, durch Vornahme oder Nichtvornahme einer Handlung, zu der ein Beteiligter nicht verpflichtet ist, das Eintreten eines rechtlichen Nachteils für sich vermeiden zu können. Ein Ausschlußverhältnis oder Ausschlußgrund ist ein rechtliches Verhältnis mit dem Inhalt, für einen daran Beteiligten gegenüber dem anderen den Ausschluß eines rechtlichen Verhältnisses, einer Rechtswirkung oder der Rechtmäßigkeit eines Verhaltens zu bewirken. Eine Obliegenheit setzt begrifflich notwendig voraus, daß bezüglich der Handlung, durch deren Vornahme oder Nichtvornahme das Eintreten eines rechtlichen Nachteils abgewendet werden kann, *keine Rechtspflicht* besteht. Die Begriffe Rechtspflicht und Ausschlußverhältnis schließen sich aus. Das gilt auch für die in § 254 geregelten Ausschlußverhältnisse.

Das Nichtbestehen einer Rechtspflicht des Verletzten gegenüber dem Verletzer, die Entstehung eines Schadens vollständig oder teilweise abzuwenden, folgt daraus, daß die Selbstschädigung eines Menschen durch eigenes Verhalten rechtmäßig ist, soweit nicht aufgrund eines besonderen rechtlichen Verhältnisses eine Ausnahme besteht. Die Rechtmäßigkeit der Selbstschädigung schließt deren Pflichtwidrigkeit aus. Es kann nicht ein Mensch, indem er einen anderen unrechtmäßig verletzt, dadurch Pflichten des Verletzten gegenüber dem Verletzer begründen. Für andere Haftungstatbestände gilt Entsprechendes.

Zum Sondertatbestand des § 254 Abs. 2 S. 2 BGB gehört, daß vor dem schädigenden Ereignis zwischen dem Geschädigten als Schuldner eine Verpflichtung bzw. ein dieser entsprechendes Forderungsrecht bestanden hat und daß darin der Haftungsgrund liegt. *Nur für diese Fälle* ist in § 254 Abs. 2 S. 1 BGB bestimmt, daß die Schadensersatzpflicht des Schuldners gegenüber dem Gläubiger anteilig ausgeschlossen ist, wenn und soweit der „Gläubiger es unterlassen hat, den Schuldner auf die Gefahr eines ungewöhnlich hohen Schadens aufmerksam zu machen, die der Schuldner weder kannte noch kennen mußte, oder daß er unterlassen hat, den Schaden abzuwenden oder zu mindern". Der Grund für den anteiligen Haftungsausschluß besteht auch in diesen Fällen in einer *Obliegenheit* des Gläubigers, den ihm drohenden Schaden abzuwenden oder zu mindern. Von einer *Pflicht* des Gläubigers gegenüber dem Schuldner ist in § 254 Abs. 2 S. 1 BGB weder die Rede, noch ist eine solche dogmatisch möglich. Der Gläubiger ist nicht Schuldner. Sein nach § 254 Abs. 2 S. 1 tatbestandsmäßig erforderliches Verschulden ist demgemäß kein Verschulden gegenüber dem Schuldner, sondern ein Verschulden gegenüber sich selbst[139]. Die dagegen verstoßende Annahme einer „Schadensminderungspflicht" des Gläubigers gegenüber dem Schuldner widerspricht dem Gesetz und ist dogmatisch unhaltbar.

Ein zusätzlicher Fehler liegt darin, die in den Fällen des § 254 Abs. 2 S. 1 BGB angenommene „Schadensminderungspflicht" des Gläubigers auch in den Fällen der deliktischen Schädigung nach § 254 Abs. 1 BGB zu bejahen, in denen ein Gläubiger-Schuldner-Verhältnis vor dem schädigenden Ereignis nicht bestanden hat. Da es sich in § 254 Abs. 2 S. 1 BGB um eine Ausnahmeregelung zu § 254 Abs. 1 BGB handelt, ist ein solcher Rückschluß methodisch unzulässig.

Die Annahme einer „Schadensminderungspflicht" führt zu einer rechtswidrigen Benachteiligung des Geschädigten. Ihm wird fehlerhaft aufgebürdet, mit unbegrenztem Aufwand an Geld, Zeit, Mühen und Risiken auf dem „Gebrauchtwagenmarkt" unter Fristdruck ein gebrauchtes Fahrzeug zu beschaffen. Dazu muß er einen örtlich unbegrenzten „Markt" erforschen, sich über die Eigenschaften etwa vorfindlicher Fahrzeuge eingehend erkundigen und diese ausprobieren, bei Bedenken ein Sachverständigengutachten einholen, sich der „Seriosität" eines anbietenden Händlers vergewissern und sich bei diesem um eine „Werkstattgarantie" bemühen — alles möglicherweise mit häufigen Wiederholungen. Die Kosten muß der Geschädigte vorstrecken auf die Gefahr, daß das Gericht ihm unter Berufung auf eine „vernünftige Lebensauffassung" und eine „Gesamtschau über die Interessenlage" „zumutet"[140], sie endgültig zu tragen. Treibt er kein geeignetes Gebrauchtfahrzeug auf, befindet er sich in Beweisnot gegenüber der unsubstantiierten, möglicherweise aus der Luft gegriffenen „Schätzung" des Sachverständigen, es müsse möglich sein, innerhalb kurzer Zeit „auf dem Gebrauchtwagenmarkt" ein gleichartiges und gleichwertiges Fahrzeug zu erwerben[141].

---

[139] Vgl. meine Ausführungen SchR I, § 3 G II c 2 (117 f.); Palandt / Heinrichs, 42. Aufl. § 254 Anm. 1 a.

[140] Vgl. BGH 30, 33.

[141] In dem Schadensersatzprozeß 1 O 288/77 LG Marburg/Lahn behauptete ein Sachverständiger in einem Gutachten vom 3. 11. 1975, „auf dem heutigen Gebrauchtwagenmarkt müßte es möglich sein, innerhalb von 12 bis 14 Tagen ein entsprechendes Ersatzfahrzeug zu beschaffen". Am 5. 2. 1976 mußte er dem Geschädigten bestätigen, „daß wir Ihnen ein Ihrem geschädigten ... PKW im Alter und Erhaltungszustand entsprechendes Fahrzeug nicht nachweisen konnten". Am 17. 11. 1975 hatte er dem Geschädigten geschrieben: „Nach

XV. Keine Pflicht zur Schadensminderung

Der Bundesgerichtshof[142] geht so weit, zu behaupten, die „Pflicht, zur Minderung des Schadens beizutragen", könne dazu führen, daß der Geschädigte „sich wegen des Geldbetrags, der ihm zur Reparatur noch" fehle, „um einen Kredit bemühen" müsse. Das höchste deutsche Zivilgericht scheut sich danach nicht, dem Geschädigten zu Gunsten des Schädigers gesetzwidrig die finanzielle Entscheidungsfreiheit abzusprechen, noch dazu in einem Fall, in dem der Schädiger bzw. dessen Versicherungsgesellschaft die sofortige Bezahlung der durch den Unfall verursachten Instandsetzungskosten rechtswidrig mit der Folge abgelehnt hatte, daß der Geschädigte den Unfall-LKW bei der Reparaturwerkstatt nicht auslösen konnte und sein mit diesem betriebenes Transportunternehmen aufgeben mußte.

Nach dem Oberlandesgericht Köln[143] kann vom Gläubiger grundsätzlich *nicht* verlangt werden, daß er „alle Mittel einsetzt, und sich durch Aufnahme eines Kredits noch zusätzlich verschuldet, um die Entstehung eines Nutzungsausfallschadens hintanzustellen". In Wahrheit kann der Schädiger von dem Geschädigten überhaupt nichts verlangen, sondern kann dieser vom Schädiger Ersatz jedes in dem tatbestandsmäßigen Ereignis begründeten Schadens fordern. Alles andere ist gesetzwidrige Begünstigung des Schädigers.

Bei all dem drohen dem Geschädigten noch besondere Gefahren und Kosten dadurch, daß er als gewöhnlicher Mensch oder als Jurist, der nicht gerade auf die Rechtsprechung des Bundesgerichtshofs zu Totalschäden bei Kraftfahrzeugen spezialisiert ist, diese nicht kennt bzw. nicht verstehen kann, während die auf der Gegenseite kämpfende Versicherungsgesellschaft über umfangreiche Erfahrungen, neueste Kenntnisse der Rechtprechung, routinierte Praktiken und größtes finanzielles Durchhaltevermögen verfügt.

Rücksprache mit der hiesigen ... Vertretung wurde uns mitgeteilt, daß ein Fahrzeug vom gleichen Typ und dem Baujahr ... in einem sehr gepflegten Zustand ... zum Zeitpunkt der Ersatzleistung vorhanden war." Dieses Fahrzeug war seinerzeit durch einen Beauftragten des Geschädigten besichtigt und als nicht annähernd entsprechend befunden worden. Von einem „sehr gepflegten Zustand" konnte keine Rede sein. Die Honorarklage des Sachverständigenbüros wurde vom Amtsgericht Marburg rechtskräftig abgewiesen. Ein zweiter Sachverständiger erstattete in demselben Prozeß gemäß Beweisbeschluß des Gerichts ein Gutachten über zwei Fahrzeuge, die er beide nie gesehen hatte. Die Kosten für die „Begutachtung" durch diesen Sachverständigen beliefen sich auf DM 1031,50 bei einem Streitwert von DM 3034,—. Das Gericht beauftragte diesen Sachverständigen, obwohl Zeugenbeweis durch Vernehmung eines Autohändlers und Inhabers einer Reparaturwerkstatt angetreten war, der das Fahrzeug kannte. Dessen Aussage führte im Berufungsverfahren zum Erfolg der Klage des Geschädigten.

[142] BGH VersR 1963, 1162.
[143] OLG Köln, VersR 1973, 322.

Die vom Bundesgerichtshof behauptete „Pflicht zur Schadensminderung" steht im Widerspruch zu Gesetz und Recht. Ein tatbestandsmäßig Geschädigter hat gegenüber dem Schädiger keine Pflichten, sondern nur Rechte. Eine „Pflicht zur Schadensminderung" kann im Gegensatz zur Auffassung des Bundesgerichtshofs weder aus § 254 Abs. 2 noch aus „Treu und Glauben"[144] hergeleitet werden. Ein eingetretener Schaden ist durch den Ersatzpflichtigen zu ersetzen, nicht durch den Geschädigten zu tragen.

XVI. Begründetheit der vermeintlichen „Schadensminderungspflicht" in der nationalsozialistischen Gemeinschaftsideologie

Die verfehlte Behauptung, daß ein Geschädigter gegenüber dem Schädiger, ein Verletzter gegenüber dem Verletzer, das Opfer eines Delikts gegenüber dem Täter „Pflichten" haben soll, geht auf die nationalsozialistische Rechtsideologie zurück.

Die „rechtspolitischen Leitgedanken der" nationalsozialistischen „neuen Zeit" bestanden im Gegensatz zur „Schärfe" des „Entweder-Oder-Standpunktes" des Bürgerlichen Gesetzbuchs darin, daß „der Gemeinschaftsgedanke" „den Vorrang des Gemeinwohls und die billige Rücksichtnahme auf andere Volksgenossen bei der Teilnahme am Leben der Volksgemeinschaft" fordere. „Deshalb" müsse „das Gesetz vor allem im Gemeinschaftsinteresse rechtswidrige Schädigungen zu verhüten suchen". „Dem Richter" müsse „die Möglichkeit gegeben werden, das Maß der Schadloshaltung unter Berücksichtigung der gesamten Umstände" „nach seinem billigen Ermessen zu bestimmen. Auch der Schadensausgleich" sei „keine Angelegenheit der beiden Betroffenen allein, sondern ebenso der Gemeinschaft". „Im Gemeinschaftsinteresse" sei „Schadensersatz zu versagen, wenn dadurch das Gemeinschaftsinteresse noch mehr geschädigt" werde. „Jede Überspannung der Haftung" lähme „die Unternehmungslust und" wirke „sich dadurch gemeinschaftsschädlich aus". „Der Schadensersatz als materieller Ausgleich" richte „sich nach den Interessen des Geschädigten unter billiger Berücksichtigung der Interessen des Schuldners. Er" solle „aber dem Gläubiger keinen unver-

---

[144] In NJW 1982, 1518 ff. (1520) vertritt der BGH die logisch unmögliche Ansicht, daß „die Regelungen des § 254 BGB als Unterfälle" auf den „Grundgedanken des § 242 BGB" „zurückgehen". Das läuft darauf hinaus, die Tatbestände des § 254 BGB aufzulösen und das gesamte Schadensersatzrecht auf den vermeintlichen „Grundgedanken des § 242 BGB" zu stellen. Der damit in der Rechtsprechung des BGH erreichte Stand kommt in erschreckendem Maße dem nahe, was Stammler so formulierte: „Despotismus in seiner vollendeten Art würde eine Rechtsordnung heißen, die nur aus einem einzigen, im voraus aufgestellten Paragraphen bestünde: Die rechtlichen Beziehungen unter den Rechtsunterworfenen werden nur nach der konkreten Entscheidung des Herrschers im einzelnen Falle beurteilt und durchgeführt". Vgl. dazu meine Ausführungen SchR I, § 4 G II g 2 ii (268 f.) m. w. N.; § 5 D (290 ff.) m. w. N.; Allg. T. § 17 B VI (693) m. w. N.

dienten Gewinn und den Schuldner nicht an den Bettelstab bringen (Tendenz der Schadensersatzbeschränkung)"[145]. „Der Gedanke der Gemeinschaft" verlange „eine Würdigung des Schuldverhältnisses unter dem Gesichtspunkt der Gemeinschaftsaufgaben, eine gegenseitige Treuverpflichtung der Vertragsgenossen und eine sozialistische Gestaltung des Schuldrechts"[146].

Nach der Denkschrift der nationalsozialistischen Akademie für Deutsches Recht zur Lehre von den Leistungsstörungen von Heinrich Stoll „bedeutet sozialistische Haltung" „im eigentlichen und wörtlichen Sinn" „genossenschaftliche Haltung. Sie" gehe „mit der Gemeinschaftspflicht und Treupflicht Hand in Hand. Denn die Genossenschaft" könne „sowohl die Volksgemeinschaft wie die Parteiengemeinschaft sein. Wir" haben „schon die Forderung aufgestellt, daß der einzelne bei Verfolgung seiner eigenen Ziele im Gegner stets den Volksgenossen sehen" müsse „und mit ihm zur Erreichung des gemeinsam gesetzten Vertragszweckes zusammenzuwirken" habe. „Darüber hinaus" verlange „eine sozialistische Gestaltung des Schuldrechts einen Schutz des Schwachen in seinen lebenswichtigen Belangen. Es" gehe „nicht an, wirtschaftlich schwächere oder weniger erfahrene Volksgenossen unbilligen Auswirkungen der Vertragsfreiheit zu überlassen". „Der ‚Alles- oder Nichtsstandpunkt' des bürgerlichen Rechts" vermöge „den schwächeren Volksgenossen wohl vor Ausbeutung zu schützen, ihm aber nicht die lebensnotwendigen Belange zu wahren. Auch aus diesem Grunde" müsse „gerade das Gemeinwohl eine vorsichtige Abwägung bei der Einräumung des richterlichen Gestaltungsrechtes und bei der Anwendung zwingender Vorschriften im Privatrecht" erfordern[147].

„Der Ausgleich" der „Gläubiger- und Schuldnerinteressen" „bedeutet, daß sie dem höheren Gemeinschaftszweck untergeordnet werden". „Durch den Gemeinschaftszweck erhält das Schuldverhältnis auch seine Begrenzung. Ein Interesse des Gläubigers kann nur dann rechtlich anerkannt werden, wenn es unter dem Gesichtspunkt des Gemeinschaftszwecks als schutzwürdig erscheint." Die „Opfer" „des Schuldners" „müssen zu dem Erfolg in einem angemessenen Verhältnis stehen, so daß das oberste Ziel der Güterverteilung noch gefördert wird". „Gläubigererfolg und Schuldnerlast stehen hierbei in einem wechselseitigen Abhängigkeitsverhältnis"[148]. „Der Gemeinschaftsgedanke" gehöre „zu den Grundgedanken der nationalsozialistischen Rechtsanschauung. Gemeinschaft" bedeute „genossenschaftliches Verbundensein im Volke. Die Gemeinschaftsethik" fordere „von jedem Volksgenossen sozialistische Lebenshaltung". „Die Gemeinschaftsgesinnung des einzelnen Volksgenossen" könne „sich nicht auf seine Teilnahme am öffentlichen Leben beschränken, sondern" müsse „ebenso sein sog. Privatleben, all sein Tun und Lassen beherrschen". Für dieses gelte auch im Privatrecht „der Gedanke der Pflichterfüllung gegenüber dem Volk"[149].

---

[145] Stoll / Felgentraeger, Vertrag und Unrecht, 3. Aufl., 1943, S. 14 f., 196 f. 239 f.; vgl. meine Ausführungen SchR I, § 4 G II c 2 aa (199 f.), g (257 ff.) m. w. N.

[146] Stoll / Felgentraeger, S. 14, Ebenso Heinrich Stoll, Die Lehre von den Leistungsstörungen, Denkschrift des Ausschusses für Personen-, Vereins- und Schuldrecht der Akademie für Deutsches Recht, 1936, S. 11.

[147] Heinrich Stoll, Denkschrift, S. 11 f.

[148] Heinrich Stoll, Denkschrift, S. 8 f., 15 f. Den Ausdruck „Opfergrenze" übernimmt Stoll von Philipp Heck. Vgl. Stoll, S. 125 f.

[149] Heinrich Stoll, Denkschrift, S. 23.

XVI. „Schadensminderungspflicht" u. nationalsoz. Gemeinschaftsideologie

Nach der genannten nationalsozialistischen Denkschrift hat die „Praxis" „Treu und Glauben zum obersten Grundsatz des Schuldrechts gemacht". „Ihr" sei „es zu verdanken, wenn der Gedanke der Parteiengemeinsamkeit, d. h. der genossenschaftlichen Verbundenheit in einem Vertrauensverhältnis, sich fest in unser Rechtsleben eingewurzelt" habe. „Um diesen bewährten Begriff beizubehalten", wolle „der Ausschuß die Treuepflicht nur zur Kennzeichnung der Treue gegenüber den Vertragsgenossen verwenden, während die Treue gegenüber der Volksgesamtheit aus der Gemeinschaftspflicht" folge „und durch sie bezeichnet" werde[150].

Die zitierten Ausführungen haben nichts mit wissenschaftlicher Rechtserkenntnis zu tun, sondern enthalten deren ideologische sozialistische Verneinung einschließlich der Verneinung jeder richterlichen Gebundenheit an Gesetz und Recht.

Die in der Denkschrift geforderte und durchgeführte „sozialistische Gestaltung des Schuldrechts" umfaßt alle rechtlichen Verhältnisse öffentlichrechtlicher und privatrechtlicher Art einschließlich der deliktischen und darüber hinaus eine auf einer weltanschaulichen „Gemeinschaftsgesinnung" beruhende „sozialistische Haltung" und „sozialistische Lebenshaltung" „des Volksgenossen" in jeder Hinsicht. Es handelt sich dabei um die klare Formulierung einer totalitären sozialistischen Gemeinschaftsideologie. Die nationalsozialistische „Volksgemeinschaft" ist eine absolute weltanschauliche politische Glaubensgemeinschaft, die „verschworene Gemeinschaft" genannt wurde. Der „Vorrang des Gemeinwohls" ist der absolute „Vorrang" des „Wohls" dieser „Gemeinschaft". Die Ausdrücke „Gemeinschaftsgedanke", „Vorrang des Gemeinwohls", „Volksgemeinschaft", „Gemeinschaft", „Gemeinschaftsinteresse", „gemeinschaftsschädlich", „Gemeinschaftsaufgaben", „Genossenschaft", „Parteiengemeinschaft", „Zweck im Sinn der Gemeinschaft", „Gemeinschaftszweck einer sinnvollen Güterverteilung", „genossenschaftliches Verbundensein im Volke", „Gemeinschaftsethik", „sozialistische Haltung", „sozialistische Lebenshaltung", „Gemeinschaftsgesinnung", „Pflichterfüllung gegenüber dem Volk", „Parteiengemeinsamkeit", „genossenschaftliche Verbundenheit" in einem „Vertrauensverhältnis", „gegenseitige Treuepflicht" und „Gemeinschaftspflicht" sind gleichbedeutend.

Die Thesen von der „billigen Rücksichtnahme auf andere Volksgenossen", vom „höheren Gemeinschaftszweck", durch den „das Schuldverhältnis auch seine Begrenzung" erfahre, von der rechtlichen Anerkennung „unter dem Gesichtspunkt des Gemeinschaftszwecks als schutzwürdig", vom „angemessenen Verhältnis" und „wechselseitigen Abhängigkeitsverhältnis" zwischen „Opfer" und „Erfolg", vom „ober-

---

[150] Heinrich Stoll, Denkschrift, S. 26 f.

sten Ziel der Güterverteilung" bedeuten alle dasselbe, nämlich „im Gemeinschaftsinteresse" durch den Richter „unter Berücksichtigung der gesamten Umstände" „nach seinem billigen Ermessen" den „Schadensersatz zu versagen". Voller Schadensersatz sei „Überspannung der Haftung". Der Geschädigte hat seinen Schadensersatzanspruch dem „Gemeinschaftsinteresse" zu „opfern". Fragt man sich, wem dieses „Opfer" zugute kommt, sind es zum einen alle diejenigen, die sich im „Gemeinschaftsinteresse" über die Rechte anderer hinwegsetzen, zum anderen die Träger der Schadensversicherung.

Eine weltanschauliche sozialistische Gemeinschaft ist notwendig totalitär. Der totalitäre sozialistische Charakter der nationalsozialistischen „Gemeinschaft" ist formuliert in § 1 des Entwurfs eines Volksgesetzbuchs: „Jeder Volksgenosse hat mit seiner Person und seinem Vermögen der Volksgemeinschaft das zu geben, was zu ihrem Bestande und und Gedeihen nötig ist"[151]. Die „mit dieser Rechtsstellung verbundenen Pflichten" hatten „Vorrang"[152].

Die totale „Gemeinschaft" verfügt unbeschränkt über alles, was ein Volksgenosse „mit seiner Person und seinem Vermögen" darstellt, sie weist ihm zu, was sie für ihn als „lebensnotwendig" befindet, und kann es ihm jederzeit wieder entziehen, wenn das „Gemeinschaftsinteresse" oder der „Gemeinschaftszweck" es erfordert. Über das „Gemeinschaftsinteresse", das mit dem „Interesse" der die „Gemeinschaft" politisch Beherrschenden identisch ist, entscheiden allein diese. Von diesem politischen „Gemeinschaftsinteresse" her findet nach freiem Ermessen der Herrschenden eine absolute „Güterverteilung" zwischen „wirtschaftlich schwächeren oder weniger erfahrenen Volksgenossen" und anderen in der Weise statt, daß die „lebensnotwendigen Belange" der „schwächeren Volksgenossen" „zu wahren" seien. Der „Schadensersatz als materieller Ausgleich" ist ein Instrument dieser politischen „Güterverteilung", deren weltanschaulicher Bezug allein das „Gemeinschaftsinteresse" ist. Dieser Bezug wird mit den Worten „in sinnvoller und gerechter Weise" ausgedrückt. Der einzelne „Volksgenosse" geht in dieser absoluten „Gemeinschaft" und ihrem politischen „Interesse" vollständig auf: „Du bist nichts, dein Volk ist alles"[153].

Wenn der „Schadensausgleich" nicht eine Angelegenheit der beiden Betroffenen allein, sondern ebenso der „Gemeinschaft" ist, wird dem

---

[151] Vgl. dazu meine Ausführungen, SchR II, § 20 G (612 ff.).

[152] Heinrich Lehmann, in: Volksgesetzbuch (Akademie-Entwurf), hrsg. von Hedemann / Lehmann / Siebert, 1942, S. 48; dazu meine Ausführungen, Das Recht zur Aussperrung, 1981, 69 f.

[153] Vgl. dazu Hallstein, Süddeutsche Juristenzeitung, 1946, 1 ff. (3): „Eine Gesamtheit von lauter Nichtsen".

XVI. „Schadensminderungspflicht" u. nationalsoz. Gemeinschaftsideologie

Wort Ausgleich eine Bedeutung unterlegt, die mit Schadensausgleich in der Bedeutung von Schadensersatz nichts mehr zu tun hat: statt des mit diesen Ausdrücken bezeichneten Begriffs, der dem Schadensersatzrecht zugrunde liegt, wird ein „sozialer Ausgleich" im Sinn der sozialistischen Ideologie eingeführt.

Die Wendung „Güterverteilung" darf nicht darüber täuschen, daß Gegenstand der „Verteilung" einschließlich der Entziehung nicht nur wirtschaftliche Güter, sondern alles Menschliche, insbesondere jedes „Recht" ist. „Recht" ist danach nur eine sprachliche Einkleidung der absoluten politischen „Güterverteilung". Eine objektive Beschränkung und damit einen sachlichen Unterschied zwischen Recht und Unrecht gibt es bei dieser absoluten politischen „Güterverteilung" nicht. Der begriffliche Gegensatz zwischen Recht und Unrecht ist dem weltanschaulichen sozialistischen Ansatz nach ausgeschlossen. Das zeigt sich mit aller Deutlichkeit in der zynischen Wendung der Denkschrift vom „sogenannten Privatleben", die die ideologische Verneinung jedes persönlichen Lebens und jedes vom „Gemeinschaftsinteresse" freien Rechts des einzelnen „Volksgenossen" enthält. Die Verneinung des begrifflichen und sachlichen Gegensatzes zwischen Recht und Unrecht wird damit ausgedrückt, daß „die Schärfe des Entweder-Oder-Standpunktes des Bürgerlichen Gesetzbuchs" und der „Alles oder Nichtsstandpunkt des bürgerlichen Rechts" im Sinn der nationalsozialistischen Rechtsideologie bekämpft werden. Zwischen Recht und Unrecht gibt es nur entweder - oder, beim Schadensersatz nur entweder vollen Ersatz oder vollständige oder teilweise Verweigerung des Ersatzes.

Die Ablehnung „des Entweder-Oder-Standpunktes" enthält zugleich die nach dem sozialistischen Grundansatz unvermeidliche Verneinung des logischen Denkens einschließlich aller Begriffe und Gesetze, verbunden mit dem „Grundsatz" der absoluten herrschaftlichen Entscheidung in jedem einzelnen Fall[154]. Beides wird mit den Worten „Berücksichtigung der gesamten Umstände", „billiges Ermessen", „Einräumung des richterlichen Gestaltungsrechts" und „Treuepflicht" ausgedrückt. Wenn „unter billiger Berücksichtigung der Interessen des Schuldners" eine „Tendenz der Schadensersatzbeschränkung" verfolgt wird, bei der der damit begrifflich verneinte „Schadensersatz" „dem Gläubiger keinen unverdienten Gewinn und den Schuldner nicht an den Bettelstab bringen" soll, bedeutet dies, daß das Gericht befugt sein soll, dem tatbestandsmäßig Geschädigten seinen gesetzlich entstandenen Schadensersatzanspruch zu entziehen. Diesen Anspruch zu erkennen wird als

---

[154] Vgl. meine Ausführungen, Das Recht zur Aussperrung, 1981, S. 78 ff.: „Gerechtigkeit im Einzelfall".

"Überspannung der Haftung" abgelehnt. Statt dessen soll das Gericht berechtigt sein, eine freie richterliche Schadensverteilung zwischen Geschädigtem und Schädiger gemäß einer „sozialistischen Gestaltung des Schuldrechts" vorzunehmen. Das ist insofern folgerichtig, als die politische Opportunität der „Volksgemeinschaft" sich mit den „gesamten Umständen" von Fall zu Fall ändern kann[155] und das nur durch autoritäre Fallentscheidungen berücksichtigt werden kann. Die mit der Behauptung eines „richterlichen Gestaltungsrechts" vertretene staatliche Verfügung über die Rechte der einzelnen Menschen folgt aus der sozialistischen „Weltanschauung". Mit der sozialistischen Gruppenideologie wird unvermeidlich die Gebundenheit der Rechtsprechung an Gesetz und Recht und die Gleichheit aller Menschen vor dem Gesetz verneint.

In § 287 Abs. 1 S. 1 ZPO heißt es zwar: „Ist unter den Parteien streitig, ob ein Schaden entstanden ist und wie hoch sich der Schaden oder ein zu ersetzendes Interesse beläuft, so entscheidet hierüber das Gericht unter Würdigung aller Umstände nach freier Überzeugung." Diese Bestimmung hat aber keine sachlichrechtliche, sondern lediglich prozeßrechtliche Bedeutung.

Mit der Ablehnung des „Entweder-Oder-Standpunktes" werden alle logischen und rechtlichen Gesetze, mit der Verwerfung des „Alles oder Nichtsstandpunkts" wird jedes gesetzliche Schadensersatzrecht verneint. Die Verneinung der Gesetze der Logik ergibt sich daraus, daß nach dem Grundgesetz der Logik Merkmale, die einander ausschließen (widersprüchliche Merkmale), sich nicht zugleich auf denselben Gegenstand beziehen können. Nach diesem dem Bürgerlichen Gesetzbuch wie jedem rechtlichen Gesetz und jeder wissenschaftlichen Rechtserkenntnis zugrundeliegenden Gesetz kann ein Schadensersatzanspruch nur entweder begründet sein oder nicht, ist jede richterliche Verfügung über einen Schadensersatzanspruch und jede sozialistische „Verteilung" des Schadens zwischen Geschädigtem und Schädiger ausgeschlossen. Das ist der „Entweder-Oder-Standpunkt" des Bürgerlichen Gesetzbuches.

Da ein Gegenstand nur entweder existieren kann oder nicht, sind die Gesetze der Logik Gesetze der Vernunft und ist ihre Ablehnung gleichbedeutend mit deren Verwerfung (Irrationalismus). Die nationalsozialistischen Thesen zum „Schadensersatz" stimmen mit dem Irrationalismus der nationalsozialistischen „Kieler Schule" überein, dem 1938

---

[155] Nach der nationalsozialistischen Programmschrift von Carl Schmitt, Über die drei Arten des rechtswissenschaftlichen Denkens, 1934, (S. 15, 23) „folgt" „die Regel" „der sich wandelnden Lage, für die sie bestimmt ist". Vgl. dazu meine Ausführungen, Das Recht zur Aussperrung, 1981, S. 65 ff. m. w. N.

XVI. „Schadensminderungspflicht" u. nationalsoz. Gemeinschaftsideologie

Erich Schwinge in seiner Schrift „Irrationalismus und Ganzheitsbetrachtung in der deutschen Rechtswissenschaft" entgegengetreten ist[156].

Aus der „sozialistischen Gestaltung des Schuldrechts" ergibt sich folgerichtig, daß zwischen Schädiger und Geschädigtem, Verletztem und Verletzer, Opfer eines Delikts und Täter „gegenseitige Treuverpflichtungen" bestehen und beide „Gemeinschaftspflichten" gegenüber der „Volksgemeinschaft" haben. Rechtsbrecher und Verletzer sind danach als „Volksgenossen" gleichgestellt. Den Geschädigten trifft gemäß der „Tendenz der Schadensersatzbeschränkung" eine „Schadensminderungspflicht", deren Erfüllung „Pflichterfüllung gegenüber dem Volk" ist.

Die Konsequenz, daß sich aus der „nationalsozialistischen Rechtsanschauung" eine „Pflicht zur Schadensminderung" ergebe, ist während des Dritten Reiches vom Reichsgericht gezogen worden, dem der Bundesgerichtshof gefolgt ist. Während jedoch im Dritten Reich der Widerspruch zum Bürgerlichen Gesetzbuch offen dargelegt wurde, verdeckt der Bundesgerichtshof diesen Widerspruch durch die unzutreffende Behauptung, es handele sich um einen „für beide Alternativen des § 249 BGB" geltenden „Grundgedanken"[157], dessen Übereinstimmung mit dem in der nationalsozialistischen Denkschrift von Heinrich Stoll[158] vertretenen „Treuegedanken" nicht zu verkennen ist. Der behauptete „Grundgedanke" des § 254 hat die Zauberformel vom „Alles beherrschenden Grundsatz von Treu und Glauben" in neueren Entscheidungen des Bundesgerichtshofs weitgehend verdrängt.

---

[156] Erich Schwinge, Irrationalismus und Ganzheitsbetrachtung in der deutschen Rechtswissenschaft, 1938, S. 1 ff., 9 ff., 14, 16 ff., 40 ff. Vgl. auch E. Schwinge und L. Zimmerl, Wesensschau und konkretes Ordnungsdenken im Strafrecht, 1937, S. 9 ff., 27 ff.

[157] BGH 30, 31.

[158] Heinrich Stoll, Denkschrift, S. 10. Die Ideologie zu § 242 BGB war bekanntlich die „Einbruchsstelle" der nationalsozialistischen Rechtsideologie in das Bürgerliche Recht (vgl. Carl Schmitt, Über die drei Arten des rechtswissenschaftlichen Denkens, 1934, S. 59). Nach dem vermeintlich „Alles beherrschenden Grundsatz von Treu und Glauben" soll nach wie vor das Interesse der „Gemeinschaft" zu berücksichtigen sein. (Vgl. meine Ausführungen, SchR I, § 5 D (29 ff.) m. w. N.).
Die durch diesen logisch und sachlich unmöglichen „Grundsatz" herbeigeführte totale Auflösung des Bürgerlichen Gesetzbuchs in seinen Einzelbestimmungen und in seinem System sowie darüber hinaus des gesamten Rechtssystems und deren Ersetzung durch eine Unmasse von sinn- und zusammenhanglosen Leerwörtern zeigt sich in der 1388 Seiten umfassenden „Kommentierung" des § 242 BGB bei v. Staudinger / Weber. Um eine Erläuterung des § 242 BGB handelt es sich dabei nicht, weil der behauptete „Alles beherrschende Grundsatz von Treu und Glauben" in § 242 BGB weder enthalten ist noch daraus methodisch abgeleitet werden kann. Die Zusammenstellung bei v. Staudinger / Weber ist die Darstellung eines durch die Willkür einer gesetzesfremden Rechtsprechung entstandenen juristischen Chaos.

XVI. „Schadensminderungspflicht" u. nationalsoz. Gemeinschaftsideologie

Nach dem Bundesgerichtshof muß „der wertende Begriff Treu und Glauben aus den Bindungen an einen totalitären Zwangsstaat gelöst und aus den Umständen des Einzelfalls entwickelt werden"[159]. Das ist logisch unmöglich, weil es einen „wertenden Begriff" nicht gibt — die gegenteilige Behauptung ist in sich widersprüchlich —, weil ein „Begriff", der erst „entwickelt werden" muß, nicht existiert, und weil ein allgemeiner Begriff nicht „aus den Umständen des Einzelfalls entwickelt werden" kann. Die vermeintliche „Lösung" ändert im übrigen nichts daran, daß der „nach den Umständen des Einzelfalls" entscheidende Richter über den Schadensersatzanspruch des Geschädigten in Widerspruch zu Gesetz und Recht herrschaftlich verfügt.

Nach dem Bundesgerichtshof[160] ist gemäß „§ 254 Abs. 2 BGB, der die sich aus dem Gedanken der Gemeinschaft ergebende Pflicht der Rücksichtnahme auf den Ersatzpflichtigen näher umschreibt", der Geschädigte „verpflichtet", „diejenigen Maßnahmen zu treffen, die nach der Auffassung des Lebens von einem ordentlichen Menschen hätten angewendet werden müssen, um den Schaden von sich abzuwenden". In der Denkschrift von Heinrich Stoll[161] heißt es: „Der Vorrang des Gemeinschaftsgedankens in der heutigen Rechtsidee verlangt, daß aus dem Gegeneinander der Parteien im Schuldverhältnis ein Neben- und Miteinander wird." „Die Parteien begründen in dem Schuldverhältnis ein Vertrauensverhältnis, das sie gegenseitig zu gebührender Rücksichtnahme verpflichtet." Die Übereinstimmung der dem Gesetz widersprechenden Zurückführung des § 254 Abs. 2 BGB auf den „Gedanken der Gemeinschaft" mit dieser nationalsozialistischen Auffassung ist bei einem Schadensersatzverhältnis zwischen deliktischem Schädiger und Geschädigtem besonders deutlich.

Daß es sich bei dieser Deutung des § 254 BGB der Sache nach um eine sozialistische Schadensverteilung handelt, wird bestätigt durch § 254 Abs. 1 des „Zivilgesetzbuchs" der „DDR": „Tritt ein Schaden ein, auf den sich der Versicherungsschutz erstreckt, haben der Versicherungsnehmer und die Versicherten alle ihnen zumutbaren Maßnahmen zu ergreifen, um den Umfang des Schadens zu mindern." Mit der Wendung „haben zu ergreifen" wird eine Pflicht gegenüber der „Gesellschaft" behauptet. Ob das das totale Kollektiv „Gemeinschaft", „Volk", „Volksgemeinschaft" oder „Gesellschaft" genannt wird, ist für die darin liegende Rechtsverneinung ohne Bedeutung.

---

[159] BGH 4, 176.
[160] BGH NJW 1951, 798. Vgl. dazu meine Ausführungen, SchR I, § 4 G II e 2 aa (199 f.).
[161] Heinrich Stoll, Denkschrift, S. 10.

Nach dem Bundesgerichtshof führt die von ihm vertretene „Objektivierung, die von individuellen Sonderheiten" absehe, „vielfach auch zu einer Begünstigung des Ersatzberechtigten"[162]. Dies bedeutet, daß einerseits alle Geschädigten, andererseits alle Schädiger und ihre Versicherungsgesellschaften je eine Gemeinschaft bilden, innerhalb derer der Bundesgerichtshof sich für berechtigt hält, die unrechtmäßige „Begünstigung" des einen durch eine unrechtmäßige Benachteiligung eines anderen auszugleichen. Mit Recht und Rechtserkenntnis ist diese gruppenbezogene „Pauschalierung"[163] nicht zu vereinbaren. Das „Absehen" von „individuellen Sonderheiten" ist die Ablösung von den objektiven Gegebenheiten und damit von der Objektivität. Was der Bundesgerichtshof „eine gewisse Objektivierung" nennt, ist in Wahrheit die Einführung der absoluten richterlichen Subjektivität.

Die vom Bundesgerichtshof ohne Begründung behauptete „notwendige Pauschalierung" „in der Haftpflichtpraxis", bei der die „Pauschwerte" den Sachverhalt „nur im Annäherungswert erfassen" und die „Nachteile gemäß § 287 ZPO *großzügig* geschätzt werden"[164], kann nicht auf § 287 ZPO gestützt werden, wie sich aus dem zu dieser Bestimmung bereits Dargelegten ergibt. Das Wort „schätzen" kommt in § 287 ZPO nicht vor. Die darin bestimmte besondere Art der freien Beweiswürdigung ist zwar ein Schätzen. Durch das Beiwort „großzügig" wird dieses aber ins Gegenteil verkehrt. Schätzen ist annäherndes Bestimmen einer Zahlengröße auf Grund bestimmter Anhaltspunkte. Ein solches Bestimmen ist nur zulässig, wenn und soweit genaues Erkennen nicht möglich ist. Soweit Anhaltspunkte vorliegen oder ermittelt werden können, sind diese genau zu erkennen. Aus ihnen ist die fragliche Zahlengröße so genau wie möglich zu erschließen. Für „Großzügigkeit" ist dabei kein Raum. Die vom Bundesgerichtshof vertretene „großzügige" Tätigkeit ist nicht Schätzen, sondern willkürliches Festsetzen.

In den Urteilen des Bundesgerichtshofs zeigt sich die gruppenbezogene Subjektivität darin, daß das Gericht sich einerseits zum Nachteil der Geschädigten auf die nach ihm „im Verkehr anerkannten Bewertungsmaßstäbe" beruft, andererseits — ebenfalls zum Nachteil der Geschädigten — diese als „subjektive Abneigung" und „Vorurteil der

---

[162] BGH NJW 1966, 1455.
[163] BGH 45, 219.
[164] BGH 45, 219 f. Der BGH spricht von „einer notwendigen Pauschalierung" „in der Haftpflichtpraxis", bei der die „Pauschwerte" den Sachverhalt „nur im Annäherungswert erfassen" und die „Nachteile gemäß § 287 ZPO großzügig geschätzt werden". Das mag auf die Verträge der Haftpflichtversicherung passen, für das gesetzliche Schadensersatzrecht (§ 249 S. 1 BGB) und Beweisrecht (§ 287 ZPO) ist es falsch. Nach Gesetz, Recht und Verfassung ist jede Pauschalierung ausgeschlossen, wie dargelegt wurde. Vgl. oben S. 26 ff., 29 ff. und meine Ausführungen SchR I, § 4 G II 2 ii (226).

Käuferschaft" verwirft. Dasselbe gilt, wenn der Bundesgerichtshof einerseits das Fehlen „jeder Unterlage" für eine „ziffernmäßige Schätzung" und jeder „Fixiertheit" „der Höhe nach" behauptet, andererseits sich bei dem von ihm vertretenen „Wiederbeschaffungswert" durch den Mangel an objektiver Bestimmtheit nicht beirren läßt. Der Lehre vom Ersatz des Gebrauchswerts unterlegt der Bundesgerichtshof[165], daß sie „den Wertzuwachs nur mit einem *geringen*[166] Abzugsbetrag berücksichtige". Dem Geschädigten steht nach der Ausdrucksweise des Bundesgerichtshofs[167] „bei Totalschaden seines Kraftfahrzeugs nicht alsbald *auch noch*[168] ein Anspruch auf Zahlung eines Zweithandzuschlags zu".

Diese Wendungen wirken nicht objektiv, sondern wie eine Parteinahme. Die Art, wie der Bundesgerichtshof die Schwierigkeiten des Käufers eines Gebrauchtwagens verharmlost und die bekannten Verhaltensweisen der Versicherungsgesellschaften ignoriert, ist nicht geeignet, diesem Eindruck entgegenzuwirken.

XVII. Keine „objektiven, im Verkehr anerkannten Bewertungsmaßstäbe"

Die Entscheidungen des Bundesgerichtshofs zu Totalschäden bei Kraftfahrzeugen beruhen auf folgenden Grundlagen.

Der Bundesgerichtshof behauptet, es müßten besondere „Umstände" vorliegen, „die es rechtfertigen könnten, von den im Verkehr anerkannten Bewertungsmaßstäben abzugehen". „Bei der Bewertung solcher Sachschäden" sei „eine gewisse Objektivierung, die von individuellen Besonderheiten" absehe „und sich an die im Verkehr geltenden Wertmaßstäbe" halte, „unerläßlich. Diese Objektivierung" führe „vielfach auch zu einer Begünstigung des Ersatzberechtigten"[169]. „Wenn es sich um die konkrete Verletzung eines einzelnen Vermögensguts" handele und „das Maß der Beeinträchtigung (sich) nach objektiven, im Verkehr anerkannten Maßstäben geldlich bewerten" lasse, könne der Geschädigte „diesen objektiven Wert als seinen realen und unmittelbaren Schaden in jedem Fall und ohne die aus § 249 hergeleitete Differenzrechnung als Mindestschaden verlangen"[170]. „Die unangebrachte Fiktion", daß der Schaden aufgrund einer „vorgestellten Situation fiktiv bemessen" werde, sei „nur ein rechtslogisches Hilfsmittel, dessen Benutzung hier nicht gerechtfertigt" sei. „Der Boden rein rechnerischer Überlegungen" und einer „am Gesetzeswerk orientierten Betrachtung" sei hier „zugunsten einer wertenden Betrachtung" zu verlassen[171].

---

[165] BGH NJW 1966, 1455.
[166] Hervorhebung vom Verfasser.
[167] BGH NJW 1978, 1371.
[168] Hervorhebung vom Verfasser.
[169] BGH NJW 1966, 1455.
[170] BGH 54, 49 m. w. N. Vgl. meine Ausführungen SchR I, § 4 G II f 2 gg (222 ff.).
[171] BGH 43, 381.

XVII. Keine „objektiven, im Verkehr anerkannten Bewertungsmaßstäbe" 79

Diese Ausführungen lassen sich nicht halten.

Die vom Bundesgerichtshof behaupteten, „im Verkehr anerkannten Bewertungsmaßstäbe" existieren nicht. Das Gemeinte ist weder objektiv noch mit dem Gesetz zu vereinbaren. Soweit der Bundesgerichtshof „Bewertungsmaßstäbe" auf Totalschäden bei Kraftfahrzeugen bezieht, handelt es sich nur um einen anderen Ausdruck für den von ihm aufgestellten „Wiederbeschaffungswert". Dieser ist weder „im Verkehr anerkannt" noch „objektiv". In den Ausführungen des Bundesgerichtshofs folgt dies daraus, daß er „eine gewisse Objektivierung" vertritt, „die von individuellen Besonderheiten" absehe. Diese „Objektivierung" ist im Gegensatz zur Behauptung des Bundesgerichtshofs, für die er keinen Grund angibt, nicht „unerläßlich", sondern logisch und sachlich unmöglich.

Das behauptete „Objektivieren" wäre eine Tätigkeit, durch die „Subjektives" in „Objektives" verwandelt würde. Dabei müßte zuvor etwas „Subjektives" vorhanden sein. Mit dem „Objektivieren" räumt der Bundesgerichtshof also unabsichtlich ein, daß die von ihm behaupteten „im Verkehr anerkannten Maßstäbe" nicht objektiv sind. In Wahrheit existieren diese „Maßstäbe" nicht. Das behauptete „Objektivieren" sind die eigenen Entscheidungen des Bundesgerichtshofs, mit denen er die vermeintlich „subjektive Abneigung" der Geschädigten „gegen den Ankauf und die Benutzung eines gebrauchten Wagens" bekämpft[172]. Diese Entscheidungen sind kein Objektivieren, weil Subjektives (Ichhaftes) niemals in Objektives (ausschließlich Gegenstandsbedingtes) umgewandelt werden kann. Der Bundesgerichtshof setzt damit nur seine eigene subjektive Meinung an die Stelle der von ihm als „subjektiv" herabgesetzten Meinung der Geschädigten, diktiert ihnen damit ihr Käuferverhalten und löst sich mit den von ihm behaupteten „Bewertungsmaßstäben" von der allein zulässigen gesetzlichen Methode der Erkenntnis des Schadensersatzes nach § 249 BGB. Was der Bundesgerichtshof „objektiv" und „Objektivieren" nennt, ist subjektiv. Die vom Bundesgerichtshof behaupteten „Bewertungsmaßstäbe" haben weder mit dem realen Schaden noch mit dem Gesetz etwas zu tun.

Dem Bundesgerichtshof ist zwar darin zuzustimmen, daß die von ihm mit „reine Differenzhypothese" gemeinte Gesamtvermögensdifferenzlehre sich nicht halten läßt. Diese ist aber entgegen seiner Ansicht in § 249 BGB gerade nicht enthalten. Bei dieser erkenntnismethodisch allein möglichen gesetzlichen Bestimmung handelt es sich weder um eine „Fiktion", noch ist sie „unangebracht". Ein „rechtslogisches Hilfsmittel" liegt darin deshalb nicht, weil es die mit „Rechtslogik" im Ge-

---

[172] BGH NJW 1966, 1455.

gensatz zur allgemeinen Begriffslogik gemeinte besondere „Sachlogik" nicht gibt, da die logischen Zusammenhänge in und zwischen Begriffen von den Arten der Gegenstände, auf die sich diese Begriffe beziehen, unabhängig sind. Mit der Ablehnung einer „am Gesetzeswerk orientierten Betrachtung" „zugunsten einer wertenden Betrachtung" macht sich der Bundesgerichtshof in Widerspruch zu seiner verfassungsrechtlichen Gebundenheit an Gesetz und Recht (Art. 20 Abs. 3 GG) zu deren Herrn. Gewaltenteilung, Verfassung und Rechtsstaat werden damit aufgegeben.

Auch abgesehen davon enthalten die zitierten Ausführungen grundlegende sachliche und methodische Fehler.

Mit dem behaupteten „Mindestschaden" werden die auf der ausschließlichen Gegenstandsbedingtheit (Objektivität) und den realen Bedingungszusammenhängen (Bedingungstheorie) beruhende Einheit des Schadensbegriffs und des Schadensersatzbegriffs aufgelöst. Statt ihrer entstehen zweierlei Schäden und Schadensbegriffe, ein „Mindestschaden" und ein weiterer Schaden. Zugleich wird damit jeder reale Bezug aufgegeben. Um einen „realen" Schaden handelt es sich dabei entgegen der Behauptung des Bundesgerichtshofs gerade nicht.

Mit der Wendung „als seinen realen und unmittelbaren Schaden" meint der Bundesgerichtshof: ohne Begriffe und ohne kausalgesetzliche, insbesondere rechtsgesetzliche strenge logische Erkenntnismethoden. Da jedes Urteilen und damit jedes Denken und Erkennen mit Begriffen geschieht, lehnt er damit Denken und Erkennen einschließlich Rechtserkenntnis und Rechtswissenschaft der Sache nach ab. Auf Kausalität kommt es bei diesem idealisierenden „Objektivieren" der richterlichen Subjektivität folgerichtig nicht mehr an. Das bedeutet es, wenn der Bundesgerichtshof eine „wertende Betrachtung" und eine „Gesamtschau über die Interessenlage"[173] vertritt, wenn er „Treu und Glauben" einen „wertenden Begriff" nennt[174], von „wertender Betrachtung" spricht, und einen „normativen Schadensbegriff" behauptet, der „Ausstrahlungen" haben soll. Einen Kompromiß zwischen idealistisch-„teleologischer" „Betrachtung" (Spekulation) und kausalwissenschaftlicher Methodik gibt es nicht. Die Ausführungen des Bundesgerichtshofs gehen an jedem Schaden und Schadensersatz, an jeder Realität und an jedem Recht vorbei. Die mehr als zweitausendjährigen Bemühungen unzähliger Gelehrter um die Lösung des Kausalitätsproblems haben nach dem Bundesgerichtshof für das Schadensersatzrecht keine

---

[173] BGH 30, 33.
[174] BGH 4, 176. Zum Gebrauch der Ausdrücke „Wertentscheidung", „oberste Wertentscheidung" und „rechtspolitische Wertung" in Entscheidungen des BVerfG und in der nationalsozialistischen Rechtsideologie vgl. unten Fn. 200.

Bedeutung mehr: Der Richter „wertet" und damit hat er die „Lösung". So einfach ist das.

Erkennen ist begründet wahres Beurteilen eines Gegenstands. Ein Wählen zwischen mehreren Möglichkeiten gibt es dabei nicht. Mit „Werten"[175] ist dagegen ein freies Setzen, d. h. begriffliches und zugleich gegenständliches Erzeugen, Ändern und Auswechseln einer idealen Absolutheit durch eine reine fallbezogene Tätigkeit gemeint, die auch „Verwirklichen", „Aktualisieren" oder „Konkretisieren" der „Idee" genannt wird. Die behauptete „Idee" hat keinen Inhalt und Gegenstand. Sie ist daher beliebig „ausfüllbar". Das sich der Behauptung nach auf sie beziehende „Werten" ist ein punkthaftes Erschaffen mit absoluter Schöpferkraft. Wie König Midas die Eigenschaft gehabt haben soll, alles, was er anfaßte, in Gold zu verwandeln, so soll der Richter durch seinen Spruch alles, was er sagt, in „Recht" verwandeln können. In Wahrheit handelt es sich dabei um unbeschränkte richterliche Willkür. Der Richter ist ontologisch, logisch und metaphysisch, gegenständlich, begrifflich und sprachlich Herr über alles. Das wird „Einzelfallgerechtigkeit" genannt. Von Rechtserkenntnis, Rechtswissenschaft und Rechtsprechung kann danach nicht mehr die Rede sein. Begriffe, Urteile und Gegenstände, Gesetze und Gebundenheit an das Gesetz sind ausgeschlossen. Statt durch Anwendung des Gesetzes das den Streitgegenstand ausmachende rechtliche Verhältnis im Einzelfall methodisch zu erkennen, wird darüber frei verfügt und anschließend der logisch unmögliche Versuch unternommen, aus der Einzelfallentscheidung eine Gruppenregel abzuleiten. Durch das inhalt- und gegenstandslose Vielzweckwort „Norm"[176], das sowohl allgemein als auch einzeln bedeuten kann, in Wahrheit weder das Eine noch das Andere bedeutet, wird das sprachlich verdeckt.

„Werten" ist ein anderes Wort für „freie Rechtsfindung" und „freie Rechtsschöpfung" im Sinn der „Freirechtsbewegung"[177]. Während jedoch der führende Vertreter der Freirechtsbewegung, H. U. Kanto-

---

[175] Vgl. hierzu und zum folgenden meine Ausführungen, Das Recht zur Aussperrung, 1981, S. 28 ff., 78 ff., 83 ff., 86 ff., 101; Allg. T., § 1 C III g (104 f.) und § 17 B VI (693).
[176] Vgl. dazu meine Ausführungen, Das Recht zur Aussperrung, 1981, S. 23 f., 26 f., 35; Allg. T., § 1 C III g (93 ff.).
[177] Gnaeus Flavius (H. U. Kantorowicz), Der Kampf um die Rechtswissenschaft, 1906, S. 20, 49. Ebenso Eugen Ehrlich, Freie Rechtsfindung und freie Rechtswissenschaft, 1903, S. 34, 32. Vgl. dazu meine Ausführungen, Festschrift für Gerhard Müller, 1981, S. 876 f. Das Bundesverfassungsgericht spricht von „schöpferischer Rechtsfindung", „Wertentscheidungen" des „Gesetzgebers", „verfassungsrechtlichen Wertentscheidungen" und „Gesamtschau"; vgl. meine Ausführungen, Das Recht zur Aussperrung, 1981, S. 28 ff., 37 ff. und Gedächtnisschrift für Rudolf Bruns, 1980, 231 ff.

XVII. Keine „objektiven, im Verkehr anerkannten Bewertungsmaßstäbe"

rowicz, an der Logik festzuhalten versuchte[178], ist diese in der „Gesamtschau" des Bundesgerichtshofs aufgegeben. Der vom Bundesgerichtshof behauptete „Schaden" ist ein auf absoluter „Wertung" beruhender, d. h. vom Gericht absolut frei behaupteter idealer „Schaden".

Grundlage jeder „Wertung" ist der wissenschaftlich unmögliche Glaube an eine absolute innerweltliche „Idee", die der Bundesgerichtshof „Grundgedanke", „Grundgedanke des Schadensersatzrechts", „Gedanke der Gemeinschaft", „wertender Begriff" und „Gedanke des normativen Schadens" nennt. Mit dem „Gedanken der Gemeinschaft" setzt er im historischen Zusammenhang die der Denkschrift von Heinrich Stoll zugrundeliegende „nationalsozialistische Rechtsidee"[179] fort.

Die wissenschaftliche Unmöglichkeit des Glaubens an absolute „Ideen" ergibt sich daraus, daß dieser mit der Erfahrung einschließlich der Logik und damit der Vernunft nicht zu vereinbaren ist. Die absoluten „Ideen" werden nicht gedacht und nicht durch Denken erkannt, sondern in der Einbildung „geschaut". Idealität ist Einbildung.

Idealismus[180] ist weltanschaulicher Glaube an ein inhaltlich unbestimmtes innerweltliches Absolutes, das sich als „Erscheinung" im Nichtabsoluten selbsttätig „verwirklicht", „konkretisiert", „ausformt", „ausgestaltet", „ausprägt" oder ähnlich. Dieses unbestimmte Absolute ist von Fall zu Fall nach Belieben „ausfüllbar". Auf dem scheinbaren Umweg über diese „Ausfüllung" sind seine vermeintlichen „Erscheinungen" in Widerspruch zu den realen Gegebenheiten nach Belieben „konkretisierbar", „formbar", „gestaltbar" usw. Durch Unterlegen einer beliebig „ausfüllbaren" „Idee" werden Gesetz und Recht einschließlich der Verfassung aufgehoben[181]. Beständigkeiten und Gegebenheiten

---

[178] Vgl. Gnaeus Flavius (H. U. Kantorowicz) S. 23: „Allerdings wäre die neue Bewegung von vornherein der Lächerlichkeit überliefert, wenn sie etwa, wie Heißsporne der historischen Schule öfters taten, die Logik überhaupt als wertlos abtun würde. Die Logik hat unweigerlich Recht." Kantorowicz vertrat eine „voluntaristische Strömung" und „antirationalistische Gesinnung" (S. 23), er verneinte die „Realität" des „Rechts" (S. 30) und die „objektivistische Rechtsphilosophie" (S. 34) und wollte in der Rechtswissenschaft „dem Gefühl sein Recht geben" (S. 38). Daß er damit selbst unweigerlich die Logik aufgab, erkannte er nicht.
[179] Heinrich Stoll, Denkschrift, S. 4, 11.
[180] Zu Idealismus vgl. meine Ausführungen, Allg. T., § 1 A II a (2 ff.); Das Recht zur Aussperrung, 1981, S. 31 ff.; Gibt es eine marxistische Wissenschaft, 1980, S. 45, 124.
[181] Nach dem BVerfG (34, 287) ist „der Richter" „nach dem Grundgesetz nicht darauf verwiesen, gesetzgeberische Weisungen in den Grenzen des möglichen Wortsinns auf den Einzelfall anzuwenden". „Die Aufgabe der Rechtsprechung kann es" „erfordern, Wertvorstellungen, die der verfassungsmäßigen Rechtsordnung immanent, aber in den Texten der geschriebenen Gesetze nicht oder nur unvollkommen zum Ausdruck gelangt sind, in einem Akt des bewertenden Erkennens, dem auch willenhafte Elemente nicht feh-

gibt es nicht, nur absolutes punkthaftes Ändern der sich widersprüchlich „wandelnden" „Idee".

Die absolute Inhaltlosigkeit der „Idee" führt nicht nur zu willkürlichen Setzungen, sondern auch von Fall zu Fall zu Inhalts- und Gegenstandsvertauschungen. So setzt der Bundesgerichtshof in seinen Entscheidungen zum Totalschaden bei Kraftfahrzeugen „Schaden", „Wert" und „Recht" in eins und versteht dabei unter „Wert" sowohl absolute ideale „Werte", die er „normativ" nennt und in bezug auf die er von „Ausstrahlung" und „Gesamtschau" spricht, als auch reale ontische Werte, z. B. ökonomische „Vermögenswerte".

Idealistische Philosophie ist absolute Bewußtseinsphilosophie. Nach dieser Philosophie gibt es keine von einer sich darauf beziehenden Bewußtheit unabhängigen (realen) Seienden und kein unmittelbar oder mittelbar auf sinnliche Wahrnehmung gegründetes logisches Erkennen realer Seiender (Erfahrung), sondern nur inhalt- und gegenstandslose ideale Absolutheiten (Irrealismus und Irrationalismus). Das Wort „Realität" wird von der „Idee" her in falscher Bedeutung gebraucht.

Was der Bundesgerichtshof „real" nennt, ist eine falsche Realität, bei der es sich in Wahrheit um verstümmelte Idealität, d. h. um Einbildung handelt. Das zeigt sich mit aller Deutlichkeit, wenn der Bundesgerichtshof die in § 249 S. 1 BGB bestimmte Methode, den in einem tatbestandsmäßigen Umstand begründeten realen individuellen Schaden zu erkennen, für eine „unangebrachte Fiktion", die von ihm vertretene „wertende Betrachtung" dagegen für „objektiv" und „real" hält. Die vermeintliche „Realität" ist in Wahrheit die irrationalistische Verneinung jeder Realität zugunsten idealer Scheinbilder, hinter denen sich notwendig willkürliche Einzelfallentscheidungen verbergen.

Mit der Behauptung, die in § 249 S. 1 BGB bestimmte Methode führe zu „Widersprüchen mit der Wirklichkeit"[182], verkehrt der Bundesgerichtshof die realen Zusammenhänge ins Gegenteil. Widersprüchlichkeit ist inhaltliche Unvereinbarkeit von Merkmalen, Begriffen oder Urteilen. Einen Widerspruch anderer Art, z. B. einen „Widerspruch mit der Wirklichkeit", gibt es nicht.

---

len, ans Licht zu bringen und in Entscheidungen zu realisieren". Mit dieser logisch und sachlich unmöglichen Beschreibung der richterlichen Tätigkeit wird die Gebundenheit der Rechtsprechung an Gesetz und Recht (Art. 20 Abs. 3 GG) verneint. Zugleich wird die Realität des Rechts verneint, da dieses der Richter erst „realisieren" soll. Auf die Wendung „und Recht" in „Gesetz und Recht" kann sich das BVerfG nicht berufen: Dem Grundgesetz kann nicht die Vernunftwidrigkeit unterlegt werden, in derselben Bestimmung die Gebundenheit der Rechtsprechung an das Gesetz zugleich zu bejahen und zu verneinen.

[182] BGH 43, 382.

XVII. Keine „objektiven, im Verkehr anerkannten Bewertungsmaßstäbe"

Der Bundesgerichtshof verwechselt die hypothetische (bedingte) Methode der Erkenntnis des realen Schadens mit einer vermeintlichen Irrealität dieses Schadens. Er verkennt, daß jeder aufgrund der realen Gegebenheiten objektiv urteilende Mensch, der erkennen will, ob und inwieweit infolge eines bestimmten Umstands ein Schaden entstanden ist, hypothetisch den Kausalverlauf überdenken muß, der ohne diesen Umstand eingetreten wäre.

Auf Erkenntnisfehlern, die in der idealistischen Philosophie begründet sind, beruht auch die Auffassung, die der Bundesgerichtshof unter Berufung auf Larenz zum Begriff Vermögensschaden vertritt:

„Arbeitskraft und Erwerbsfähigkeit sind" nach dem Bundesgerichtshof[183] „Eigenschaften der Person, die, haftungsrechtlich gesehen, in erster Linie mit den Rechtsgütern der körperlichen Unversehrtheit und der Gesundheit verbunden sind. Nach § 823 BGB, § 11 StVG (und den entsprechenden anderen Vorschriften)" löse „die Verletzung dieser Rechtsgüter für sich allein noch keine vermögensrechtliche Ersatzpflicht aus (anders das ‚Schmerzensgeld' des § 847 BGB). Das" sei „erst der Fall, wenn aus der Verletzung dieser Rechtsgüter ein Vermögensnachteil (vgl. § 11 StVG) entstanden" sei. „Die Fähigkeit zum Erwerb" sei „daher nicht schon für sich selbst ein Vermögenswert". „Substanzwert und Nutzungswert eines Kraftwagens, oft auch der Wohnwert eines Hauses" „lassen sich nach objektiven Maßstäben bewerten. Dort" lasse „sich meist ein Marktpreis, oft sogar ein objektiver gemeiner Wert des verletzten Vermögensgutes ermitteln. Das" könne „auch bei Ermittlung des Wertes einer Arbeitskraft in Betracht kommen, soweit sich hier durch Tarife u. dergl. anerkannte objektive Maßstäbe gebildet haben". Bei „der menschlichen Arbeitskraft", insbesondere der „Arbeitsfähigkeit eines Unternehmers, der hier in Rede stehenden Art", lasse sich dagegen „ihr geldlicher Wert" „nach der Verkehrsauffassung nicht objektiv nach dem Maß der Arbeitskraft festsetzen".

Die Ansicht des Bundesgerichtshof, daß die Verletzung der „Rechtsgüter der körperlichen Unversehrtheit und der Gesundheit" im Gegensatz zum „‚Schmerzensgeld' des § 847 BGB" „für sich allein noch keine vermögensrechtliche Ersatzpflicht" „nach § 823 BGB" auslöse, dies vielmehr „erst der Fall" sei, „wenn aus der Verletzung dieser Rechtsgüter ein Vermögensnachteil entstanden" sei, steht im Gegensatz zur gesetzlichen Regelung und zu der dieser zugrundeliegenden Rechtsdogmatik. Nach § 823 Abs. 1 entsteht, wenn ein Mensch „das Leben, den Körper, die Gesundheit, die Freiheit" eines anderen widerrechtlich und schuldhaft verletzt, für ihn eine Verpflichtung „zum Ersatze des daraus entstehenden Schadens" *mit genau gleichem Inhalt,* wie wenn er „das Eigentum oder ein sonstiges Recht" eines anderen widerrechtlich und schuldhaft verletzt. Auf Unterschiede in der Art des Rechtsgegenstands kommt es dabei nicht an. Die Schadensersatzpflicht hat nach § 249 S. 1

---

[183] BGH 54, 50 f. unter Berufung auf Larenz, VersR 1963, 312.

BGB in allen Fällen den *gleichen* Inhalt, nämlich „den Zustand herzustellen, der bestehen würde, wenn der zum Ersatze verpflichtende Umstand nicht eingetreten wäre" (Naturalrestitution). In den Ausnahmefällen der §§ 249 S. 2, 250, 251 BGB ist bei Vorliegen der darin bestimmten tatbestandsmäßigen Voraussetzungen statt der Sachherstellung Geldersatz zu leisten. Nach § 253 BGB kann in Rückausnahme von den §§ 249 S. 2, 250, 251 BGB bei Nichtvermögensschäden Geldersatz nur in den durch das Gesetz bestimmten Sonderfällen verlangt werden. Solche Fälle sind in § 847 BGB geregelt. Dieser enthält somit eine Ausnahmebestimmung von § 253 BGB, *nicht*, wie der Bundesgerichtshof meint, von § 823 BGB. Mit den Verschiedenheiten der in § 823 Abs. 1 BGB zusammengefaßten einzelnen Tatbestände hat die Frage, ob nach den §§ 249 ff., 847 BGB Sachherstellung oder Geldersatz zu leisten ist, schlechterdings nichts zu tun. Ob eines der vermeintlichen „Rechtsgüter"[184] „der körperlichen Unversehrtheit und der Gesundheit", d. h. ein Gegenstand nicht vermögensrechtlicher Art, oder ein Vermögensgegenstand tatbestandsmäßig verletzt ist, hat für die Art der Schadensersatzleistung *keine* Bedeutung, zumal der Gegenstand selbst nicht verletzt, sondern nur rechtswidrig gefährdet zu sein braucht. Zwischen der Art des Gegenstands oder Rechts und der Art des Schadensersatzes besteht im Gegensatz zur Ansicht des Bundesgerichtshofs keinerlei inhaltlicher Zusammenhang.

Die Ansicht des Bundesgerichtshofs, eine „vermögensrechtliche Ersatzpflicht" könne nur entstehen, wenn in einem Gegenstand, der „schon für sich selbst ein Vermögenswert" sei, „ein Vermögensnachteil entstanden" sei, widerspricht hiernach dem Bürgerlichen Gesetzbuch und den rechtsdogmatischen Grundbegriffen. Sie beruht zudem auf einer fehlerhaften Vermengung von Rechtswirkung und Tatbestand.

Die unzutreffende Ansicht des Bundesgerichtshofs hängt mit einer Reihe weiterer Fehler zusammen. Seine Meinung, „Substanz- und Nutzungswert eines Kraftwagens, oft auch der Wohnwert eines Hauses" lassen „sich nach objektiven Maßstäben bewerten", „dort" lasse „sich meist ein Marktpreis, oft sogar ein objektiver gemeiner Wert der verletzten Vermögensgüter ermitteln", scheitert schon daran, daß der Marktpreis mit dem gemeinen Wert *identisch* ist. Der Marktpreis hängt neben der Art des Gegenstands von den subjektiven Neigungen der Käufer ab, ist also *kein* „objektiver Maßstab". Da der zu verschiedenen Zeiten verschiedene Marktpreis einer Sache sich jeweils nur auf einem bestimmten Markt bilden kann, eine Sache, die auf einem bestimmten regionalen Markt gehandelt wird, auf einem anderen möglicherweise nicht angeboten wird, manche Vermögensnachteile mit

---

[184] Vgl. oben Fn. 121.

XVII. Keine „objektiven, im Verkehr anerkannten Bewertungsmaßstäbe"

einem Markt nichts zu tun haben, kann „Marktpreis" kein Merkmal des Allgemeinbegriffs „Vermögensnachteil" und somit auch nicht des Begriffs Vermögensschaden sein. Der das Gegenteil besagende Ausdruck „Vermögenswert" ist verfehlt.

Wenn der Bundesgerichtshof als Beispiele der „Bewertung" „nach objektiven Maßstäben" den „Marktpreis" sowie „Tarife und dergleichen" nennt, kann dies nur bedeuten, daß nach ihm „Vermögensschaden" ein Schaden ist, „der sich als Einbuße an Geld oder geldwerten Gütern verstehen läßt". „Vermögensgüter" sind nach ihm „in Geld meßbare Güter", „Vermögen" „die Gesamtheit der einer Person zustehenden Güter von wirtschaftlichem Wert einschließlich der Erwerbschancen". Der „Vermögensschaden" ist nach dem Bundesgerichtshof „als Einbuße an Geld oder geldwerten Gütern" „durch eine wirtschaftliche Betrachtungsweise" und „wirtschaftliche Wertung" der „wirtschaftlichen Lage" zu ermitteln[185].

Die Unrichtigkeit dieses Ansatzes ergibt sich daraus, daß Marktpreis nur der Preis eines bestimmten Gegenstands bzw. eines Gegenstands bestimmter Art in einem bestimmten Zeitpunkt auf einem bestimmten Markt sein kann. Einen zeitlich unbeschränkten Marktpreis unbestimmter Gegenstände auf einem unbestimmten Markt gibt es nicht. Ein Gegenstand, für den sich auf dem Markt kein Abnehmer findet, hat keinen Marktpreis. Für andere Preise, die den behaupteten „Geldwert" eines Gegenstands ausmachen, gilt Entsprechendes. Da der „Geldwert" hiernach von Fall zu Fall wechselt und wegfallen kann, kann er nicht Merkmal der Allgemeinbegriffe „Vermögen" und „Vermögensgut" (Vermögensgegenstand) sein und ist der Begriff Vermögensschaden nicht als „Einbuße an Geld oder geldwerten Gütern" definierbar. Das folgt auch daraus, daß ein Vermögensschaden als Schaden in einem Vermögensrecht oder im Gegenstand eines Vermögensrechts begrifflich nicht von deren Marktpreis oder sonstigen Preis abhängen kann. Z. B. ist ein Nießbrauch nicht veräußerlich und hat daher keinen „Marktpreis", sonstigen Preis oder Tarif. Für ihn gibt es nach dem Bundesgerichtshof keinen „anerkannten objektiven Maßstab". In einem Nießbrauch kann aber unzweifelhaft ein Vermögensschaden eintreten.

Der Bundesgerichtshof verkennt, daß in rechtlichen Zusammenhängen *jeder* Gegenstand gleich welcher Art in Geld bewertbar ist, unabhängig davon, ob dieser Gegenstand ein Vermögensgegenstand ist, ob er einen wirtschaftlichen Wert hat und gegebenenfalls, ob dieser ein Marktwert ist. Z. B. werden in Prozentsätzen beziffert und diesen entsprechend in Geld bewertet: im Kriegsbeschädigtenrecht und Versiche-

---

[185] Vgl. meine Ausführungen SchR I, § 4 G II b 1 aa (181) m. w. N.

XVII. Keine „objektiven, im Verkehr anerkannten Bewertungsmaßstäbe"   87

rungsrecht dauernde Körper- und Gesundheitsbeeinträchtigungen sowie Verunstaltungen, im Haftentschädigungsrecht Freiheitsverluste, nach dem Wiedergutmachungsgesetz Personenschäden jeder Art. Die Möglichkeit, *jeden* Schaden, auch jeden Nichtvermögensschaden, in Geld zu beziffern und zu ersetzen, ergibt sich daraus, daß das Geld „allgemeiner Wertmesser" ist[186] und dies eine allgemeine Vergleichbarkeit der Werte voraussetzt. Dies bedeutet, daß der Wert eines jeden ontischen — nicht nur eines wirtschaftlichen — Guts im Verhältnis zu jedem anderen in Zahlen ausgedrückt und in Geld dargestellt werden kann. Daher sind nicht nur wirtschaftliche Schäden, sondern ist jeder Schaden, z. B. ein Gesundheitsschaden, Freiheitsschaden oder Ehrenschaden, in Geld ersetzbar.

In den §§ 253, 847, 1300 BGB ist das vorausgesetzt und gesetzlich bestätigt. In diesen Bestimmungen sind entgegen der Ansicht des Bundesgerichtshofs Schadensersatzpflichten in Geld i. S. d. §§ 249 S. 2, 250, 251 geregelt. Das ergibt sich nicht nur aus dem inhaltlichen Zusammenhang zwischen diesen Bestimmungen und § 253, sondern auch aus dem übereinstimmenden Gebrauch der Ausdrücke „in Geld entschädigen" und „Entschädigung in Geld". Der Bundesgerichtshof verfehlt mit seiner gegenteiligen Auffassung nicht nur den Begriff Vermögensschaden, sondern auch den darin als Gattungsmerkmal enthaltenen Begriff Schaden.

Wenn nach dem Bundesgerichtshof einerseits „nicht der Wegfall der Arbeitskraft als solcher", sondern der dadurch bedingte „Ausfall der Arbeitsleistung" „ein Schaden" sein soll, während andererseits „dem Recht" „die selbständige und nach objektiven Gesichtspunkten erfolgende Bewertung der Vorteile, die in der Nutzungsmöglichkeit einer Sache liegen, nicht fremd" sein und daher „zum Ausgleich der Minderung des Nutzungswertes einer Villenwohnung" Schadensersatz zu leisten sein soll[187], liegt ein offensichtlicher Widerspruch vor. „Die Möglichkeit einer objektiven Bemessung der Minderung des Nutzungswertes" besteht entsprechend auch bei einer Beeinträchtigung der Arbeitskraft. Der Ausfall der Arbeitskraft ist genauso ein Schaden wie die Körper- oder Gesundheitsverletzung, durch die er entsteht. Zwar handelt es sich dabei um einen Nichtvermögensschaden. Als Folgeschaden einer Verletzung des Körpers oder der Gesundheit oder einer Freiheitsentziehung steht dem Ersatz dieses Schadens in Geld aber nach § 847 BGB nichts entgegen, ganz abgesehen davon, daß § 253 nach zutreffender Auffassung gemäß der Rechtsprechung des Bundesgerichtshofs zum „allgemeinen Persönlichkeitsrecht" nicht mehr in Kraft ist[188].

---
[186] Vgl. meine Ausführungen SchR I, § 4 G II b 1 aa (182) m. w. N.
[187] BGH 45, 215 f.
[188] Vgl. meine Ausführungen, SchR I, § 4 G II d 2 bb ccc (191 ff.).

Zusammenfassend ist festzustellen, daß bei jedem Haftungstatbestand unabhängig von der Art des Tatbestands und des tatbestandsmäßig betroffenen Gegenstands nach § 249 S. 1 BGB ein Schadensersatzanspruch auf Sachherstellung (Naturalrestitution), bei Vorliegen eines Ausnahmetatbestands der §§ 249 S. 2, 250, 251 BGB auf Geldersatz entsteht. Eine Unterscheidung nach Arten der tatbestandsmäßig betroffenen Gegenstände ist gesetzlich ausgeschlossen, eine Beschränkung auf Sonderfälle des Vorliegens vermeintlich „objektiver, im Verkehr anerkannter Bewertungsmaßstäbe" widerspricht dem Gesetz.

XVIII. Kein „normativer Schadensbegriff"

Nach dem Bundesgerichtshof gibt es einen von ihm „in der neueren Rechtsprechung ... entwickelten ‚normativen Schadensbegriff'", einen „Gedanken des ‚normativen Schadens'", sowie eine „Lehre vom ‚normativen Schaden'". „Diese Lehre" versuche „vor allem die bei einer Schadensberechnung nach der Differenzmethode bei der Beteiligung eines Dritten", insbesondere des Arbeitgebers oder des Ehemanns, „auftauchenden Schwierigkeiten zu lösen", wenn der „Schaden i. S. d. Differenztheorie gleich null sein könnte"[189].

Diese Ausführungen sind logisch und sachlich verfehlt.

Die vom Bundesgerichtshof genannten Fälle bereiten nur deshalb Schwierigkeiten, weil der Bundesgerichtshof die Differenzmethode fehlerhaft nicht auf einen Einzelgegenstand oder mehrere miteinander zusammenhängende Einzelgegenstände und die in dem tatbestandsmäßigen Umstand begründeten realen Bedingungszusammenhänge bezieht, sondern auf die „Differenz zweier Vermögenslagen" abstellt[190] und dabei zu einer im Ansatz verfehlten „Vorteilsausgleichung" kommt. Bei Anwendung der § 249 S. 1 BGB und den realen Gegebenheiten allein entsprechenden individuellen Erkenntnismethode ist die Fehlkonsequenz, „daß der Schaden i. S. d. Differenztheorie gleich null sein könnte", ausgeschlossen.

Hinzu kommt, daß die Gesamtvermögensdifferenztheorie ohne klare Einschränkung auf alle Schäden, also auch auf Nichtvermögensschäden, bezogen wird[191], obwohl sie auf diese unabhängig von ihren inhaltlichen Fehlern von vornherein nicht passen kann. Die Begriffe Schaden, Schadensersatz, Vermögensschaden, Nichtvermögensschaden, Ver-

---

[189] BGH 54, 49 und 51. Vgl. hierzu und zum folgenden meine Ausführungen, Festschrift für Gerhard Schiedermair, 1976, S. 545 ff., insbes. S. 555 f., 557 f., 568 ff. und SchR I, § 4 G II f 2 hh (225 f.) m. w. N.

[190] BGH 43, 381.

[191] Vgl. meine Ausführungen, Festschrift für Gerhard Schiedermair, 1976, S. 545 f. m. w. N.

mögen, Vermögensrecht, Wirtschaft werden dadurch undefinierbar und unentwirrbar miteinander vermengt.

Anstatt die von ihm selbst für undurchführbar gehaltene Gesamtvermögensdifferenzlehre aufzugeben, behauptet der Bundesgerichtshof vom gewollten Ergebnis her („teleologisch")[192], also methodisch fehlerhaft, einen zweiten „Schadensbegriff", den er „normativer Schadensbegriff" nennt, und fällt dabei aus der fehlerhaften Gesamtvermögensdifferenzlehre in eine falsche idealistische absolute Wertlehre.

Die Behauptung eines „normativen Schadensbegriffs" bedeutet, daß dieser „Schadensbegriff" nicht durch Angeben objektiver Merkmale definiert, sondern durch notwendig subjektive „Wertentscheidungen" bestimmt, d. h. zweckgerichtet manipuliert wird. Ein „normativer Schadensbegriff" wäre ein Schadensbegriff, über dessen Anwendung oder Nichtanwendung ein Richter von Fall zu Fall frei entscheidet und dessen „Inhalt" er gemäß der jeweils vorentschiedenen Anwendung oder Nichtanwendung bestimmt. „Normativer Schaden" ist mit anderen Worten das, was ein Richter als „Schaden" „normiert", d. h. was er in einem Fall so nennt. Der logisch unmögliche Versuch des Bundesgerichtshofs, den „normativen Schaden" auf besondere „Fallgruppen" zu beschränken, kann nichts daran ändern, daß nach dieser Lehre das Vorliegen eines „Schadens" und damit einer Schadensersatzpflicht nicht vom Sachverhalt und vom Gesetz, sondern allein davon abhängt, wie ein Gericht nachträglich „wertet". Der ausschließlich gegenstandsbedingte (objektive) Zusammenhang zwischen Gegenstand und Begriff wird damit ins Gegenteil verkehrt. Der „wertende" Richter ist nicht an das Vorliegen oder Nichtvorliegen eines im Wege der Beweisaufnahme durch Erfahrung zu erkennenden realen Schadens gebunden, sondern er dekretiert durch ideale „Gesamtschau" vom „Gedanken" des „normativen Schadens", d. h. von einer eingebildeten „Idee" her, ob ein „Schaden" existiert oder nicht existiert. Der Richter verfügt dabei nicht nur über Tatsachen und Rechte, Begriffe und Sprache, und verteilt nicht nur einen Schaden sozialistisch zwischen Geschädigtem und Schädiger, sondern er läßt durch seinen Spruch den „normativen Schaden" entstehen oder nicht entstehen. Realitäten und Gegebenheiten gibt es danach nicht. Während nach der Lehre eines führenden Denkers der scholastischen Philosophie, Duns Scotus[193], selbst Gott nichts logisch Unmögliches wollen kann, unterliegen nach dem Bundesgerichtshof die Richter dieser Beschränkung nicht. Sie werden damit über Gott gestellt.

---
[192] Zur Fehlerhaftigkeit jeder teleologischen Methodik vgl. meine Ausführungen, Das Recht zur Aussperrung, 1981, S. 20 f., 164 ff., 252.
[193] Vgl. Welzel, Naturrecht und materiale Gerechtigkeit, 1951, S. 74, 76 m. w. N.

XVIII. Kein „normativer Schadensbegriff"

Die Behauptung eines „normativen Schadensbegriffs" und des „Gedankens" des „normativen Schadens" enthält nach dem Gesagten die Absage an alle objektiven Begriffe und Urteile, an jedes Denken und Erkennen, an jedes schadensersatzrechtliche Gesetz und jedes Schadensersatzrecht. Diese Absage wird damit ausgedrückt, daß statt von Schadensersatzrecht von „Schadensrecht"[194] gesprochen wird.

Nach dem Bundesgerichtshof ist der „normative Schaden" eines Arbeitnehmers, der trotz Arbeitsunfähigkeit seinen Lohnanspruch nicht verliert, „nur als das vorstellbar, was der Verletzte in seinem konkreten Arbeitsverhältnis durch die Verwertung seiner Arbeitskraft laufend erworben" habe „und nunmehr trotz ihres zeitweiligen Ausfalls *nicht*"[195] verliere. „Die Tatsache dieser Fortzahlung" sei „nicht etwa ‚wegzudenken'", sie bilde „vielmehr den Grund wie für die Höhe des Schadens im Rechtssinne den realen Anknüpfungspunkt, der keiner rechnerischen Fiktion" bedürfe „und deshalb auch nicht zu Widersprüchen mit der Wirklichkeit (den effektiv entrichteten Steuern und Beiträgen)" führe[196].

Die Weiterzahlung des Lohns ist nach dem Bundesgerichtshof der Grund dafür, daß insoweit *kein* Schaden des Verletzten vorliegt. Gleichwohl soll diese „Tatsache" zugleich der „Grund" für das Gegenteil, nämlich für das Vorliegen eines Schadens, und der „Anknüpfungspunkt" für dessen „Höhe" sein. Die Widersprüchlichkeit ist deutlich genug.

Im Schrifttum wird ausgeführt, „die neuere Rechtsprechung" bejahe „in Fortbildung des Schadensbegriffs" „in bestimmten Fallgruppen einen Schaden" „auch dann, wenn sich bei einer das Gesamtvermögen erfassenden Differenzrechnung keine Minderung feststellen" lasse[197]. „Bei der Abgrenzung des Schadensbegriffs" seien „auch normative Wertungen zu berücksichtigen"; „die Differenzrechnung" werde „also normativ korrigiert", nach „der Lehre vom normativen Schadensbegriff" können „auch alle auf allgemeinen Rechtsgrundsätzen beruhenden Wertungen korrigierend auf die Differenzrechnung einwirken". „Die Berücksichtigung rechtlicher Wertungen" führe „im Ergebnis zu einem dualistischen Schadensbegriff"[198].

Mit diesen Ausführungen werden Schadensbegriff und Schadenserkenntnis verneint. Ein „dualistischer", d. h. ein in sich widersprüchlicher „Schadensbegriff" ist logisch so wenig denkbar wie eine „Fortbildung" eines Begriffs, d. h. ein willkürliches Ändern seiner Merkmale, oder eine „Korrektur" eines staatlichen Gesetzes in anderer Weise als im Verfahren der parlamentarischen Gesetzgebung. Ein Begriff ist eine mit einem Wortzeichen oder sonstigen Zeichen bezeich-

---

[194] Vgl. Wilburg, Die Elemente des Schadensrechts, 1941.
[195] Hervorhebung vom Verfasser.
[196] BGH 43, 381 f.
[197] Palandt / Heinrichs, 42. Aufl., Vorbem. v. § 249 Anm. 2.
[198] Palandt / Heinrichs, 42. Aufl., Vorbem. v. § 249 Anm. 2 c.

XVIII. Kein „normativer Schadensbegriff"

nete Einheit von Merkmalen, die sich auf einen oder mehrere Gegenstände bezieht. Ein Begriff ist seinem Wesen nach eine Einheit. Mit der Behauptung eines „dualistischen", d. h. eines doppelten „Begriffs" wird die Einheit des Begriffs und damit dieser selbst verneint. In bezug auf Gegenstände einer bestimmten Art — hier auf Schäden — kann es nur einen einzigen Begriff, nicht mehrere geben. Die Einheit dieses Begriffs schließt die Möglichkeit einer Zweiheit aus. 1 + 1 ist nicht = 1, sondern = 2. Ein Schadensbegriff, der sich nicht auf alle Schäden bezieht, ist logisch und sachlich unmöglich. Ein in einem Teil der Fälle falscher Schadensbegriff ist notwendig in allen anderen ebenfalls falsch. Der Versuch des Bundesgerichtshofs, neben dem Begriff eines Gesamtvermögensschadens einen „normativen Schadensbegriff" als zweiten Schadensbegriff einzuführen[199], ist auch aus diesen Gründen unhaltbar.

Das behauptete allgemeine „Korrigieren" ist logisch unmöglich, weil ein Gericht nur jeweils in einem einzelnen Fall urteilen, ein sich auf einen einzelnen Gegenstand beziehendes Urteil aber keinen allgemeinen Inhalt und somit keinen allgemeinen Bezug haben kann und weil ein Begriff nicht änderbar ist.

Übrig bleiben nur subjektive Einzelfallentscheidungen. Der weltanschauliche Glaube, daß diese notwendig willkürlichen Entscheidungen absolute „Wertentscheidungen" seien[200], ist mit der Erfahrung, insbesondere der Logik, nicht zu vereinbaren und daher wissenschaftlich unmöglich.

Hinzu kommt folgendes: Ein Richter ist nicht berechtigt, nach seinem persönlichen weltanschaulichen Glauben über die rechtlichen Verhältnisse zwischen Menschen und damit über diese Menschen selbst zu urteilen, die diesen weltanschaulichen Glauben nicht teilen, z. B. die behaupteten idealen „Werte" nicht zu „schauen" vermögen. Die Entscheidungen des Bundesgerichtshofs zu Totalschäden bei Kraftfahrzeugen verstoßen nicht nur gegen die Gebundenheit der Rechtsprechung an Gesetz und Recht (Art. 20 Abs. 3 GG), sondern verletzen auch das Grundrecht der Prozeßparteien und aller von den Entscheidungen des Bundesgerichtshofs betroffenen Menschen auf Glaubensfreiheit (Art. 4 Abs. 1 GG).

---

[199] BGH 54, 51.
[200] So das BVerfG. Vgl. meine Ausführungen, Das Recht zur Aussperrung, 1981, S. 28 f., 34, 39 f., 43 ff., 57 f., 60 ff., 68 m. w. N. Im Sinn der nationalsozialistischen Rechtsideologie Stoll / Felgentraeger, Vertrag und Unrecht, 1943, S. 132: „oberste Wertordnung, die Rechtsidee". Stoll, Denkschrift, S. 127: „Ergebnisse rechtspolitischer Wertungen".

XVIII. Kein „normativer Schadensbegriff"

Der zentrale Fehler in der Rechtsprechung des Bundesgerichtshofs, der zur Auflösung des Begriffs Vermögensschaden und über diesen des Begriffs Schaden und des Schadensersatzrechts geführt hat, liegt in dem dabei vorausgesetzten und eingeschlossenen Bezug auf ein ideales „Vermögensganzes", das nicht existiert. Dadurch werden alle Grundbegriffe des Schadensersatzrechts inhaltlich aufgelöst und einer willkürlichen gerichtlichen „Ausfüllung" von Fall zu Fall überlassen. An die Stelle objektiven empirischen Schätzens, das ein methodisches Urteilen besonderer Art ist, tritt dabei ein subjektives ideales „Werten", das seinem Ansatz nach jeden Bezug auf reale Gegebenheiten und damit auch auf reale Schäden ausschließt. Der Grund für diese Fehlentwicklung liegt im starken Einfluß der idealistischen Philosophie, der insbesondere zu einer Verfälschung des Begriffs „Objektivität" geführt hat. In Zusammenhang damit kam es zu einem idealistisch fehlorientierten Bemühen des Bundesgerichtshofs um „ganzheitliche" „objektive Maßstäbe" oder „Werte", die an die Stelle des Schadensersatzes traten. Die „am Gesetzeswerk orientierte Betrachtung" wurde „zugunsten einer wertenden Betrachtung" aufgegeben[201]. Es wurde verkannt, daß die allgemeine Methode jeder gerichtlichen Schadenserkenntnis in der Ermittlung der realen Bedingungszusammenhänge besteht und der Schadensersatz in Geld bei Vermögens- und Nichtvermögensschäden nur durch eine unmittelbare gerichtliche Schätzung der sich dabei ergebenden realen individuellen Faktoren erkannt werden kann[202].

---

[201] BGH 43, 381; ähnlich BGH 73, 233. Vgl. dazu meine Ausführungen, SchR I, § 4 G II f 2 gg (222 ff.) und Allg. T., § 1 C III e (86 ff.).

[202] Diese Entwicklung wird in ihren grundlegenden dogmatischen und historischen Zusammenhängen einschließlich ihrer Grundlagen in der deutschen idealistischen Philosophie dargestellt und analysiert von Burkhard Wilk, Die Erkenntnis des Schadens und seines Ersatzes, Berlin, München, 1983.

Printed by Libri Plureos GmbH
in Hamburg, Germany